Macron, on fait le bilan

Attac France

Macron, on fait le bilan

Illustrations : Allan Barte

Cet ouvrage a été coordonné et rédigé par :

Vincent Drezet, Vincent Gay, Léo Malon, Franck Mithieux, Raphaël Pradeau, Ophélie Vildey

Ont également contribué à un ou plusieurs chapitres :

Jean Baubérot, Catherine Bloch-London, Saïd Bouamama, Claude Calame, Léo Charles, Jean-Michel Coulomb, Nathalie Coutinet, Laurence De Cock, Josépha Dirringer, Evelyne Dourille-Feer, Alain Fabart, Nicolas Girod, Denis Gravouil, Hugo Harari-Kermadec, Jean-Marie Harribey, Pierre Khalfa, Laure Lavigne Delville, Véronique Marchesseau, Christiane Marty, Sarah Massoud, Christine Mead, Dominique Plihon, Yves Sintomer, Thérèse Villame

avec le soutien de la Confédération paysanne

Les auteur·es remerciement pour leurs précieuses relectures :

Annick Coupé, Pierre Grimaud, Lison Rehbinder

Éditions Les Liens qui libèrent

Attac est née sur la base d'une proposition simple de justice fiscale : taxer les transactions financières. Depuis plus de 20 ans, l'association est une actrice clé des mobilisations contre le pouvoir de la finance et des multinationales, pour la justice sociale et environnementale.

Attac est un mouvement d'éducation populaire tourné vers l'action. Forte en France de 10 000 membres et d'un réseau de 150 comités locaux, Attac « pense global tout en agissant local », sur l'ensemble du territoire. Notre association développe de l'expertise, des actions de mobilisation citoyenne et de désobéissance civile dans lesquelles chacune et chacun peut prendre sa place.

Aujourd'hui présente dans plus de quarante pays, Attac est un réseau international qui se définit comme altermondialiste : avançant des propositions pour « changer le système et non pas le climat », recherchant une vision transversale des enjeux. L'association joue un rôle stratégique, en tissant des liens avec des mouvements sociaux, au cœur des résistances, pour populariser des alternatives au système capitaliste actuel et penser une « révolution écologique, sociale et féministe ».

Ensemble, nous pouvons créer un monde plus juste et solidaire.
Soutenez nos actions. Engagez-vous avec Attac !

Attac, association pour la taxation des transactions financières et l'action citoyenne.
france.attac.org

Certaines illustrations, provenant des livres *Vivre en Macronie*, sont publiées ici avec l'aimable autorisation de Ant Editions.

ISBN : 979-10-209-1090-5

INTRODUCTION
À la recherche d'un « en même temps » perdu

À l'approche de l'élection présidentielle, l'heure des bilans a sonné. Cinq ans après son arrivée au pouvoir suite à une campagne électorale aux rebondissements spectaculaires (François Hollande renonçant à se représenter, « l'affaire Fillon » et plus largement la crise des partis dits « de gouvernement ») et après un quinquennat riche en décisions, mouvements sociaux et événements imprévus, il est temps désormais pour Emmanuel Macron et sa majorité de rendre des comptes.

Lors de la campagne électorale de 2017, Emmanuel Macron a martelé une formule qui s'est installée dans le débat public : « en même temps ». Destinée à faire croire que les mesures qu'il présentait étaient équilibrées et qu'elles seraient, comme lui supposément, « et de droite et de gauche », ce slogan n'a guère fait illusion. Les écarts entre ses déclarations et ses actes sont vite apparus.

Inspecteur des finances passé par la banque d'affaires Rothschild & Cie, secrétaire général adjoint de l'Élysée de 2012 à 2014 puis ministre de l'Économie de 2014 à

2016, entouré de conseillers venus de la haute fonction publique et d'alliés débauchés des partis de gouvernement, Emmanuel Macron a joué la carte du candidat hors système alors qu'il en est une parfaite incarnation. Profitant de l'effondrement des partis «traditionnels» qui ont échoué à combattre efficacement le chômage, la précarité, le sentiment d'insécurité sociale, il a pris le pouvoir en prétendant d'une part, représenter une façon moderne de faire de la politique et d'autre part, réconcilier une large partie de la droite et de la gauche, entendues ici au sens classique du terme. Le hold-up était presque parfait.

Presque, parce que rapidement, cette modernité revendiquée a pris les allures d'une politique à l'ancienne. Emmanuel Macron aura en outre accru significativement les accents monarchiques du régime présidentiel. La novlangue de ses ministres n'est qu'une énième forme de la rituelle langue de bois des dirigeants politiques depuis des décennies. Quant à son action politique, qui se disait aussi dénuée d'idéologie qu'un *business model*, elle n'a fait que reprendre les poncifs martelés par l'idéologie néolibérale depuis près d'un demi-siècle, dans la droite ligne du «il n'y a pas d'alternative» de Margaret Thatcher. En réalité, le «en même temps» n'aura été qu'une formule vite balayée par les faits.

Punchlines vexatoires

En 2018, l'association Attac et la Fondation Copernic écrivaient: «Emmanuel Macron parie sur l'anesthésie de la société. Mais le réveil risque d'être douloureux[1] ». Cette affirmation n'avait pas été simplement lancée en l'air. Si les choix politiques immédiatement mis en œuvre par la nouvelle majorité présidentielle (avec la très symbolique suppression de l'impôt de solidarité sur la fortune, remplacé par un impôt sur la fortune immobilière au rendement largement inférieur et très marginal) étaient déjà contestés, ils étaient également mis en œuvre dans un contexte fragile. À titre d'exemple, lors des élections présidentielles de 2017, près des deux tiers des votant·es ont porté leurs suffrages sur des partis « non traditionnels ». Le rejet des partis traditionnels était déjà connu et diagnostiqué. Finalement, nous dressions là le constat d'une crise de confiance de la population en la classe politique : une crise démocratique qui allait se révéler avec les Gilets jaunes et l'effondrement de la participation aux élections municipales de 2020 et régionales de 2021 – deux scrutins entravés, il est vrai, par le contexte sanitaire.

Sûr de lui, Emmanuel Macron a régulièrement emprunté aux tactiques de la communication violente au travers de formules clivantes et autres *punchlines* vexatoires. Ainsi l'aura-t-on entendu parler des Français·es comme « des Gaulois réfractaires au changement », les manifestant·es comme « des fainéants », les grévistes comme « ceux qui foutent le bordel », les allocataires de revenus sociaux coûtant « un pognon de dingue » aux caisses de l' État,

1. Attac et la Fondation Copernic, *L'Imposture Macron*, Les Liens qui Libèrent, 2018.

sans oublier ses sorties sur le hall de gare où « l'on croise ceux qui ont réussi et ceux qui ne sont rien » et sur la rue qu'il suffit de « traverser » pour trouver du travail… Produit d'une classe dominante qui ne croit qu'au recul des droits sociaux, à la flexibilité et à l'employabilité au moindre coût, il n'a cessé de fustiger les chercheurs et chercheuses d'emplois, les bénéficiaires de minima sociaux, les partisan·es d'un plus juste partage des richesses ou encore les corps intermédiaires. En somme : tous et toutes celles et ceux qui n'ont pas le bon goût d'être des « premiers de cordée ».

Certes, devant des événements imprévus, il a tenté d'adapter son discours, quitte à prendre des mesures qu'il n'avait pas anticipées. Acculé par le mouvement des Gilets jaunes, il a abandonné la hausse de la taxe intérieure sur la consommation de produits énergétiques (dite « taxe carbone », qui devait rapporter près de 4 milliards d'euros) et accepté de revaloriser la prime d'activité. Mais il est demeuré constant dans son refus d'un progrès social qui serait au bénéfice de toutes et tous.

De même, devant la Convention citoyenne pour le climat (CCC), il a promis qu'il reprendrait « sans filtre » l'ensemble des mesures que celle-ci proposerait. Or, sur les 149 mesures préconisées par la CCC, 42 n'ont pas été mises en œuvre du tout et seules 13 ont été reprises dans leur globalité.

En juillet 2020, il s'est félicité de la mutualisation inédite d'une partie de la dette par l'Union européenne (c'est donc la Commission européenne elle-même qui va emprunter sur les marchés financiers et donc s'endetter pour financer le plan de relance européen), allant par ailleurs jusqu'à se déclarer favorable à l'annulation d'une partie de celle des pays africains. Mais tout en préparant son programme de stabilité budgétaire pour l'après 2022, synonyme d'une austérité budgétaire inédite.

Au printemps 2020, au tout début de la crise pandémique, en lançant son célèbre « coûte que coûte » et en évoquant l'après-crise, il n'a pas hésité à invoquer les « jours heureux », référence explicite au titre du programme du Conseil national de la résistance (CNR). Et ce, alors qu'il n'a eu de cesse, tout au long de son quinquennat, de vouloir remettre en cause ce pilier du programme du CNR qu'est le système solidaire de retraites.

À l'automne 2021, Emmanuel Macron a vanté les gains de pouvoir d'achat obtenus sous sa mandature par l'ensemble de la population, et plus particulièrement des plus pauvres et de la classe moyenne. Mais il a omis de préciser que les mesures fiscales prises au début de son quinquennat ont permis un enrichissement massif des 1 % les plus riches et profondément aggravé les inégalités avec le reste de la population. Un constat statistiquement vérifiable et confirmé par plusieurs travaux, dont « Les impacts redistributifs du budget 2022 et rétrospective des cinq dernières années », rapport fourni de l'Institut des politiques publiques. À l'autre extrémité d'une répartition des richesses inégale, c'est également sous son quinquennat, et avant la crise sanitaire, que le taux de pauvreté a atteint deux records : 14,8 % de pauvres ont été officiellement recensés en 2018, 14,6 % en 2019. Il faut remonter aux années 1970 pour rencontrer un tel niveau.

Mépris et défiance

Enrichissement des uns, précarisation des autres : ainsi peut se résumer l'action économique d'Emmanuel Macron. Et cet emballement des inégalités se double d'un véritable emballement autoritaire. Cette part de son bilan n'est pas anodine, elle a aggravé la fracture entre une très grande partie de la population et ses responsables politiques.

Dans un style très personnel, fait de verticalité et de provocations, le chef de l' État n'a jamais hésité à cliver, à dresser les Français les uns contre les autres. Il a court-circuité les « corps intermédiaires », notamment les organisations syndicales et le mouvement social, il a méprisé les mécanismes et instances dans lesquels la démocratie sociale pouvait s'exprimer.

Cette conception jupitérienne du pouvoir touche cependant à ses limites. Se voulant au-dessus de la mêlée, elle a en réalité alimenté les discours haineux, xénophobes et racistes. Rarement depuis 50 ans, crise démocratique, crise de légitimité et crise morale n'auront atteint une telle intensité. Une part croissante de la population s'inquiète de plus en plus de l'évolution de son pouvoir d'achat et du changement climatique et a le sentiment d'être négligée par les responsables politiques. Ce mépris présidentiel fait le jeu notamment de l'extrême droite et la montée des discours de plus en plus décomplexés sur l'immigration et la sécurité doivent beaucoup à la profonde crise de confiance engendrée par l'assèchement de la vie démocratique et la sensation d'un pouvoir personnel devenu étouffant. En minimisant la gravité de ces idées nauséabondes, voire en y participant pour certains ministres, le gouvernement actuel porte une lourde responsabilité dans leur diffusion.

Lors de son allocution du 2 novembre 2021, le chef de l'État, désormais clairement en campagne, a esquissé ce que pourrait être son action en cas de réélection. Il tient toujours à engager une réforme à venir des retraites dont le socle est la stabilisation voire la baisse des dépenses (ce qui, compte tenu de la démographie, signifierait une baisse du montant moyen des pensions) avec un report de l'âge de départ à la retraite, voire une incitation à travailler au-delà. Il souhaite toujours « une société sans statut », ce qui signifie une régression sociale pour des millions de salarié·es, notamment dans le secteur public (ce qui n'améliorerait pas pour autant la situation des salarié·es du privé). Globalement, il estime qu'il faudra « travailler plus ». Tout cela s'inspire de ce que néolibéraux et conservateurs rêvent de faire : « flexibiliser », en finir avec le mouvement séculaire de la baisse du temps de travail et encore rejeter sur l'individu ce qui est pris en charge collectivement. Autrement dit, poursuivre et intensifier ce qui a été fait durant ce quinquennat.

Avec cet ouvrage collectif, Attac entend donc à la fois remettre sur la table tout ce qui a été fait, mais également en montrer l'alignement avec ce qui est prévu pour demain aux yeux d'Emmanuel Macron. Si aucun bilan ne peut être exhaustif, nous avons cependant tenté d'appréhender un grand nombre de thèmes, allant de la condition féminine à la lutte contre le réchauffement climatique, en passant par l'agriculture, la culture, la fiscalité, les retraites, les privatisations, l'éducation, l'abandon des territoires… Soit, au total, 23 chapitres, volontairement concis, qui rappellent les principales mesures des cinq dernières années et leur portée. Désireux·ses de nous en tenir à l'essentiel, nous nous sommes concentrés sur l'établissement d'un bilan : vous ne trouverez donc pas dans les pages qui suivent les propositions portées par Attac sur chacun de ces sujets. Celles-ci sont cependant aisément accessibles sur toutes nos autres publications, dont par exemple, le *Manuel d'histoire du futur : 2020-2030 : comment nous avons changé de cap* (L'Atelier, 2020), publié l'année dernière et sur le site internet de l'association.

PLUS DE FERMETURES D'ÉCOLES... MAIS TOUJOURS DES FERMETURES DE CLASSES

1

ÉDUCATION
Une machine à trier les élèves

« Ce sujet est fondamental, c'est celui qui engage peut-être le plus radicalement notre avenir, [...] comme République prenant authentiquement en charge tous ceux qui aujourd'hui encore souffrent d'une forme de déterminisme social dont nous connaissons les ressorts. »

Emmanuel Macron, mars 2018

TEMPS FORTS DU QUINQUENNAT MACRON

☛ Dédoublement des CP dans les écoles classées « éducation prioritaire », septembre 2017 ;

☛ Création d'un conseil scientifique de l'Éducation nationale, dirigé par Stanislas Dehaene, spécialiste de la psychologie cognitive, janvier 2018 ;

☛ Mise en place du système Parcoursup, janvier 2018 ;

☛ Réforme du lycée et du bac, juillet 2018.

Comme tous ses prédécesseurs, Emmanuel Macron s'est, dès sa campagne, prétendu fortement inquiet par ce que le sociologue Camille Peugny appelle les « inégalités au berceau », c'est-à-dire le poids de l'appartenance sociale dans les trajectoires scolaires. Le phénomène est aussi vieux que l'école républicaine elle-même et les mécanismes de ces reproductions sociales ont été mis au jour par la sociologie de l'éducation depuis plus de cinquante ans. S'en déclarer préoccupé n'engage donc pas beaucoup. La lutte contre les inégalités scolaires est un poncif partagé à gauche comme à droite et ne constitue en rien un marqueur politique tant qu'il reste à l'état d'incantation. Seul un examen des décisions concrètes et de leurs effets permet de discuter du rapport à l'école et à l'éducation des gouvernements.

Ministre de l'Éducation au record de longévité, Jean-Michel Blanquer avait annoncé son programme dans un livre paru pendant la campagne présidentielle, *L'École de demain*. Il faut reconnaître que rien de ce qui était prévu n'est resté à l'état d'intention. Avec un volontarisme et une brutalité sans précédent, le projet de destruction de l'école publique est mené tambour battant depuis quatre ans.

Le projet peut être résumé de façon rapide : la libéralisation de l'école opère un tri naturel des enfants auxquels elle assigne une place sociale déterminée par les besoins du marché capitaliste. En somme, tout en prétendant élever le niveau de tous les enfants, l'école de Blanquer est la promesse du maintien d'un ordre social qu'il convient de présenter comme juste, puisqu'on aura fait croire à tous les enfants qu'ils et elles bénéficient des mêmes « chances » de réussite.

Parcoursup et nouveau bac, une moulinette anxiogène

Commençons par examiner le bout de la chaîne éducative : l'achèvement de la scolarité au lycée et le passage par Parcoursup pour l'accès aux études supérieures. Pendant longtemps a prévalu en France l'idée d'une université par définition ouverte à toutes et tous, à la différence des écoles ou classes préparatoires sélectives. Ainsi, un·e élève de lycée professionnel avait, en théorie, le droit de s'engager dans des études de sociologie. Cela procédait également d'une logique de droit à l'erreur de parcours, étant entendu qu'« on n'est pas sérieux ou sérieuse quand on a 17 ans ». Cela ne rendait pas l'université plus démocratique pour autant, mais cela maintenait un principe d'accueil indifférencié, condition préalable de l'absence de tri social.

Parcoursup est venu changer la donne. Désormais, l'avenir des lycéen·nes est suspendu à la loi d'algorithmes opaques, programmés de manière autonome par chaque département d'université qui s'arroge ainsi le droit de sélectionner ses étudiant·es sur le volet. Il va de soi qu'entre un·e lycéen·ne scolarisé dans un lycée relégué en milieu populaire, dont le CV reste vide de séjour linguistique ou de stage de formation, et un·e lycéen·ne d'un prestigieux établissement à la sociologie bourgeoise, le choix est rapidement fait. C'est ainsi que tous les ans, des milliers d'élèves se trouvent pris dans une moulinette anxiogène, que certain·es restent sur le carreau, et que d'autres sont dans l'obligation d'accepter des orientations par défaut.

C'est désormais dès le début du lycée que les jeunes sont contraints de préparer leur plan d'orientation, ceci dans un contexte de réforme du lycée qui, en faisant exploser les filières, a multiplié les combinaisons de « spécialités », de manière fortement inégalitaire puisque tous les lycées du pays ne disposent pas de la même offre. Avec sa combinaison d'épreuves de contrôle continu et terminal, la réforme du lycée atteint un niveau de technicité qui favorise nettement plus les familles déjà familiarisées avec les labyrinthes de l'institution scolaire et ses filières d'orientation.

La réforme du lycée a par ailleurs fait le bonheur des officines privées d'offre de « coaching d'orientation », des modules pouvant atteindre 800 euros et remplaçant les conseillères d'orientation en voie de disparition dans l'Éducation nationale. Enfin, la quasi-suppression du Bac, désormais quasi intégralement en contrôle continu, renforce les inégalités territoriales, les diplômes de fin de lycée apparaissant désormais comme «locaux». Dit autrement, le lycée est devenu un palier assumé de ventilation des élèves vers des parcours en adéquation avec leurs profils sociaux.

Un ministre neurobéat

Jean-Michel Blanquer ne cache pas sa passion pour les sciences cognitives. Accompagné de son fidèle ami le neuroscientifique Stanislas Dehaene, qu'il a nommé président de son conseil scientifique, et suivant en cela les préconisations du très libéral *think tank* Institut Montaigne, il s'efforce depuis le début de son mandat d'imposer l'«*evidence-based policy*» (pédagogies fondées sur des données probantes) notamment dans l'apprentissage de la lecture et des mathématiques. Il multiplie les déclarations, publicités d'expériences, circulaires et anathèmes contre toutes les méthodes pédagogiques qui ne considèrent pas la classe comme un laboratoire scientifique, mais comme un lieu d'interactions sociales au sein duquel les apprentissages sont articulés aux valeurs qu'ils charrient. Il oublie qu'il ne suffit pas d'apprendre à décoder un texte: la lecture doit s'accompagner d'un travail sur le sens et l'imaginaire.

Reléguant tout autre manière que la sienne de penser l'éducation à des propos de doux rêveurs, Blanquer plaide pour des résultats quantifiables et mesurables permettant d'évaluer l'efficacité immédiate d'une méthode. D'où son obsession également pour les évaluations et l'instauration d'un climat délétère de classement dans certaines classes. Pour le moment, et même en faisant abstraction de la crise sanitaire, les résultats ne sont pas «probants», et pour cause: Blanquer refuse d'admettre que l'entrée des élèves dans les apprentissages fondamentaux n'est pas uniquement conditionnée à telle ou telle méthode, mais dépend également d'une amélioration matérielle et durable des conditions d'enseignement. Dès lors, même le dédoublement des classes de CP en éducation prioritaire, s'il est indéniablement plus confortable, n'est pas déterminant, puisque l'année suivante, les classes supérieures retrouvent des effectifs élevés et ingérables.

La politique consistant à refuser toute politique de redistribution des richesses et des besoins humains sur les enfants qui en ont le plus besoin se heurte donc au mur des réalités sociologiques. Le scientisme n'est que le cache-sexe d'une politique délibérément inégalitaire.

Une école qui se tient sage

Si elles ont longtemps fait illusion dans l'opinion publique, les réformes libérales du binôme Macron-Blanquer ont fâché beaucoup d'enseignant·es et d'élèves, donnant lieu à des mobilisations assez inédites comme la grève du bac en 2019 ou les occupations de lycée contre le contrôle continu. La riposte a été immédiate: criminalisation des personnels syndiqués et des élèves, sanctions administratives, déplacements d'office et adoption d'une «loi sur l'école de la confiance» dont l'article 1 enjoint les enseignant·es à l'«exemplarité».

« Voilà une classe qui se tient sage», disait un policier tenant en joug des lycéen·nes agenouillés dans une cour à Mantes-la-Jolie. Ce propos est un symbole du mandat qui s'achève: la répression, la mise au pas, l'autoritarisme. Peut-être même avons-nous là l'allégorie de ce que Jean-Michel Blanquer appelle compulsivement «la défense des valeurs de la République».

ON NE PEUT PAS CONTINUER À GARDER DES ÉTUDIANTS DANS LA PRÉCARITÉ !
C'EST POURQUOI, DÉSORMAIS…
ON NE PRENDRA QUE LES GOSSES DE RICHES !
Allan BARTE

2

UNIVERSITÉ ET RECHERCHE
Darwinisme social à la fac

> «La France est une grande puissance. Néanmoins, elle a des faiblesses liées à un sous-investissement dans l'ESR [l'enseignement supérieur et la recherche] [...] En quatre ans, nous avons mis en place une stratégie qui commence à produire des résultats que ce soit en matière d'éducation [ou] d'accès à l'enseignement supérieur.»
>
> Emmanuel Macron, octobre 2021

TEMPS FORTS DU QUINQUENNAT MACRON

☛ Mise en place du système Parcoursup, janvier 2018 ;

☛ Dispositif «Bienvenue en France» augmentant les frais d'inscription des étudiants étrangers, novembre 2018 ;

☛ Loi de Programmation de la Recherche, avec notamment la création des «CDI de mission», décembre 2020 ;

☛ Frédérique Vidal demande au CNRS une enquête sur «l'ensemble des courants de recherche» en lien avec «l'islamo-gauchisme», février 2021.

À l'en croire, Emmanuel Macron aurait identifié le manque de financement de l'enseignement supérieur et de la recherche (ESR), redéfini une stratégie et investi à la hauteur des besoins dans le secteur. La jeunesse n'est-elle pas une de ses priorités ? On peut lui faire le crédit de son activisme : son mandat aura profondément marqué l'ESR, mais pas vraiment en bien !

Au cours du quinquennat qui s'achève, 330 laboratoires, 157 revues, 39 disciplines académiques ont voté des motions refusant la Loi de Programmation de la Recherche, 114 établissements ont organisé des assemblées générales et mandaté des délégations pour participer à trois coordinations nationales des facs et labos en lutte. Celle des 6 et 7 mars 2020 a réuni 500 étudiant·es et travailleurs et travailleuses de 154 délégations, au lendemain d'une journée de manifestations partout en France[1]. Seul le confinement à partir du 17 mars 2020 a interrompu cette mobilisation croissante.

1. https://universiteouverte.org/

C'est que le manque de moyens s'est aggravé au cours du mandat d'Emmanuel Macron, dans une continuité avec celui de François Hollande. Le financement par étudiant·e a chuté de 10 % en une décennie, et la baisse devrait s'accentuer. L'effondrement des recrutements des personnels enseignants comme non enseignants coïncide pourtant avec une croissance inédite du nombre d'étudiant·es. Il y a ainsi dix étudiant·es de plus par enseignant·e-chercheur·se titulaire qu'il y a dix ans.

C'est connu : laisser se dégrader un service public est le meilleur moyen d'en préparer la marchandisation. Une série de réformes s'y est donc attelée.

Sélection à l'université

Le quinquennat a commencé avec l'introduction de la sélection à l'entrée à l'université avec la plateforme de candidature Parcoursup, adoptée en 2018 et directement adaptée des modes de sélection des grandes écoles. Le sous-financement du service public d'enseignement supérieur, déjà fort en 2017, était géré sans sélection par un tirage au sort, pour environ 1 % des 811 000 candidat·es à l'université. Avec Parcoursup, chacun·e doit subir la sélection, et en 2021 ce sont 7 % des 931 000 candidat·es au moins qui se retrouvent sans place en licence à la rentrée.

Une concurrence à l'entrée en licence exacerbée par la réforme du bac, qui a vu exploser les anciennes filières ES, L et S en une multiplicité de spécialités et d'options. Selon

Dounia Addad, secrétaire générale syndicat lycéen FIDL, « le stress arrive de plus en plus tôt. Dès la seconde, on doit choisir nos spécialités alors qu'on a 14 ans, parfois 13 ans [...] On nous demande de nous projeter dès la seconde sur les études supérieures. » Alors que de son côté, « le ministère ne peut pas prévoir un bac sur deux ans ». Ajoutées à la pandémie et aux confinements, ces réformes sont d'une grande violence sociale et psychologique, tristement illustrée par les files d'attente pour l'aide alimentaire. Selon l'INSERM, plus d'un tiers des étudiant·es ont déclaré ressentir des symptômes dépressifs et plus de 12 % avoir des pensées suicidaires, des proportions largement supérieures à celle du reste de la population.

La concurrence renforcée entre étudiant·es se conjugue avec une accélération sans précédent de la marchandisation de l'université, au nom de la modernité et de la globalisation bien sûr. Les frais d'inscription, qui jusqu'à présent avançaient à « petits pas », sont passés à la vitesse Macron : +1 600 % pour toutes les licences et tous les masters, partout en France, pour les étudiant·es non européen·nes. Cette hausse drastique et xénophobe porte un nom typique de la communication macroniste : « Bienvenue en France ». Une évolution catastrophique pour nombre d'étudiant·es, et qui pousse les établissements à privilégier la demande solvable de service marchand d'éducation au détriment des besoins de service public éducatif. Évidemment, les grandes universités réputées, à Paris notamment, attireront plus facilement de riches étudiant·es fortunés que les autres établissements. Pour gagner des parts du marché global, il faut consolider quelques grands champions nationaux. C'est exactement la logique de la Loi de Programmation de la Recherche.

Appels à projets et concurrence

Si la Loi de Programmation de la Recherche (LPR) a suscité la mobilisation des personnels du secteur, c'est parce qu'elle franchit un cap dans la marchandisation, en accélérant la précarisation des travailleurs et travailleuses et la concurrence entre les établissements. Elle crée notamment des « CDI de missions scientifiques », inspirés des CDI de chantiers. Plutôt qu'indéterminée, la durée de ces contrats est aléatoire : l'emploi disparaît avec la réalisation du projet scientifique. L'employeur peut ainsi contourner la limite, déjà abusive, de 6 ans pour un CDD de droit public.

La LPR restructure le secteur scientifique sur le modèle marchand en centrant le financement sur les appels à projets : pour obtenir des fonds publics, il faut entrer en concurrence et produire plus pour moins cher. Bien entendu, la concurrence est faussée et les appels à projets concentrent 80 % des financements sur 20 % des établissements. Pour s'assurer d'aller rapidement vers un petit oligopole de champions nationaux, la LPR offre un substantiel bonus, proportionnel aux financements concurrentiels obtenus : le préciput. Avec cette manne, qui ne sert pas à réaliser le projet scientifique, l'établissement peut faire appel à des consultants qui faciliteront la réussite au prochain appel à projet. Surtout, les établissements moins bien financés initialement, ceux qui assurent l'essentiel de l'accès des classes populaires à l'enseignement supérieur, sont irrémédiablement distancés. En ce sens, la LPR est comme l'annonçait le PDG du CNRS, Antoine Petit, une «loi ambitieuse, inégalitaire – oui inégalitaire – une loi vertueuse et darwinienne qui encourage les scientifiques, équipes, laboratoires, établissements les plus performants à l'échelle internationale» pendant que disparaissent les autres.

Haro sur les «islamo-gauchistes»

Dans *Le Monde* du 11 juin 2020, Emmanuel Macron déclare que «le monde universitaire a été coupable. Il a encouragé l'ethnicisation de la question sociale en pensant que c'était un bon filon. Or, le débouché ne peut être que sécessionniste. Cela revient à casser la République en deux». Cette intervention donne le feu vert à une série d'attaques contre les sciences sociales et les recherches au service de l'émancipation, au nom d'une lutte contre un supposé islamo-gauchisme qui gangrènerait l'université d'après sa ministre, Frédérique Vidal. La fachosphère lui emboîte le pas en publiant des listes d'universitaires islamo-gauchistes. Ces menaces pèsent fortement sur les libertés académiques avec des conséquences quotidiennes dans les établissements, de l'annulation de colloques à la réécriture d'offres d'emplois dès qu'il est question de recherches sur les inégalités ethno-raciales ou de genre.

C'est que l'université est un terrain privilégié de la lutte idéologique, et que le gouvernement ne veut laisser aucun terrain aux mobilisations féministes, contre l'islamophobie ou à celles contre les violences policières, quitte à faire le jeu de l'extrême droite.

ON A AUSSI DES BESOINS EN PROVINCE !
TRÈS BIEN MON BRAVE. TOI VOULOIR QUOI ?
DU FOIN POUR TON CHEVAL ? UN PUITS DANS TON VILLAGE ?
Allan BARTE

3

TERRITOIRES
Les perdants de la métropolisation

> « Faut-il supprimer certains services publics qui seraient dépassés ou trop chers par rapport à l'utilité ? »,
>
> Emmanuel Macron, janvier 2019

TEMPS FORTS DU QUINQUENNAT MACRON

☛ Contractualisation accrue avec les collectivités locales, dès 2017 ;

☛ Conférence des Territoires à Cahors, décembre 2017 ;

☛ Développement des établissements « France services », dès 2019.

L'abandon des territoires et la hausse des inégalités territoriales sont deux phénomènes antérieurs au quinquennat d'Emmanuel Macron. Depuis des décennies, le phénomène est alimenté par la désindustrialisation, la globalisation financière, les politiques de rigueur budgétaire, mais aussi par la réduction du nombre de régions et la montée en puissance de l'échelon intercommunal et des métropoles. Ces nouveaux échelons ont un poids économique important, mais sont jugés lointains par une large partie de la population.

En 2017, à Cahors, Emmanuel Macron déclarait vouloir « repenser l'interaction entre l'État et les collectivités » et lançait un « grand débat » suite au mouvement des « Gilets jaunes ». Rappelons que ce mouvement est né dans les territoires abandonnés où le sentiment de déclassement et d'abandon était le plus prononcé. Il est révélateur d'une colère et d'un malaise aux facettes multiples auxquels le gouvernement Macron n'a manifestement pas su répondre.

Un niveau de vie et des services en déclin

Voyons d'abord les enjeux et l'évolution de long terme. Entre 1980 et 2013, le nombre d'écoles a baissé de 24 %, les bureaux de poste de 36 %, les perceptions de 31 %, les gares de 28 %, les gendarmeries de 13 %, les maternités de 48 % et les hôpitaux de 4 %[1]. Tendanciellement, le chômage est plus élevé dans les départements d'outre-mer ou dans certains départements du nord et du sud de la France que dans l'ouest de l'Île-de-France. De longue date, d'importants écarts de richesses séparent les régions : l'Île-de-France est la région la plus riche de France, loin devant les régions Auvergne-Rhône-Alpes, Provence-Alpes-Côte d'Azur, Occitanie, Hauts-de-France et Centre-Val de Loire. Mais les inégalités frappent plus particulièrement de nombreux territoires dits « ruraux » (le recul des services publics a surtout frappé les communes de moins de 3000 habitant·es, soit 90 % des communes en 2020), ainsi que des quartiers de zones urbaines et périurbaines.

Certaines voix contestent tout abandon des territoires, arguant que, si les villes concentrent des richesses, celles-ci se diffusent dans les « territoires », tel un ruissellement territorial, en quelque sorte. Mais les faits sont têtus : dans un rapport de mars 2021 (« Rééquilibrer le développement de nos territoires »), l'Institut Montaigne lui-même constate que « les quinze plus grandes métropoles concentrent 81 % de la croissance économique alors qu'elles ne représentent

1. Question écrite n° 23489 de la sénatrice Laurence Rossignol publiée dans le JO Sénat du 24/06/2021.

que 30 % de la population française. Les « territoires épars », c'est-à-dire les territoires situés en dehors des grandes métropoles, représentent quant à eux 70 % de la population de notre pays et connaissent une croissance économique, ainsi qu'un niveau de vie en stagnation voire en déclin ». Les déséquilibres sont patents : en milieu urbain, le foncier devient rare et cher, aggravant les problèmes de logement, mais aussi de transport pour celles et ceux qui travaillent en ville sans avoir les moyens d'y habiter. Cette métropolisation alimente les inégalités territoriales et crée une ségrégation sociale. Ajoutons à ce panorama les déserts médicaux que la crise a mis en exergue et ce alors que, selon la Cour des comptes « la couverture médicale et la prise en charge de la dépendance nécessitent une présence physique[1] ».

Dématérialisation à marche forcée

Réinvestissement des territoires, réduction des inégalités, inversion de la tendance des 50 dernières années : en aucun de ces points l'action d'Emmanuel Macron n'a apporté de réponse satisfaisante. Les annonces de la Conférence des Territoires de Cahors ont porté sur la couverture du territoire en haut débit pour développer l'accès au numérique. Celui-ci est censé pallier le recul des services publics dans les territoires ruraux. Mais même la

1. Rapport de la Cour des comptes « L'accès aux services publics dans les territoires ruraux », mars 2019.

Cour des comptes, pourtant favorable à la rigueur et l'austérité budgétaires et à la numérisation des services publics, observe que « la dématérialisation ne peut constituer une solution spontanée aux difficultés d'accès aux services publics constatées dans ces territoires[1] ». De son côté, le Défenseur des Droits est clair : la numérisation du service public s'effectue au détriment de la partie la plus fragile de la population[2].

Une dépendance accrue des territoires

Le gouvernement a ensuite lancé et promu le transfert de certains services publics de métropoles vers des villes de province, le développement de points de contact généralistes labellisés « France services » et la possibilité de payer des impôts, des amendes et des facteurs du service public (cantine, crèches...) chez les buralistes. Sans là non plus convaincre puisqu'il s'agit ici de gérer la pénurie de services publics de proximité et non de la faire cesser.

En réalité, la priorité d'Emmanuel Macron a consisté à intensifier la pression budgétaire : dès 2017, il a été demandé aux collectivités de réaliser 13 milliards d'euros d'économie en dépenses de fonctionnement par rapport à leur évolution spontanée (2,6 milliards d'euros chaque année) et de supprimer 70 000 postes sur le quinquennat.

1. *Ibid.*

2. Rapport du Défenseur des Droits « Dématérialisation et inégalités d'accès aux services publics », 2019.

Le gouvernement a également instrumentalisé l'enjeu de la dette publique pour confirmer sa démarche de contractualisation avec les collectivités locales. Pour les élus locaux, si leurs compétences s'accroissent, leurs marges de manœuvre n'auront donc jamais été aussi réduites, avec la suppression progressive de la taxe d'habitation et la baisse des impôts locaux sur les entreprises (dits « impôts de production »). Les finances locales dépendent de plus en plus de l'État. Et celui-ci a baissé sa dotation globale de fonctionnement depuis 2014 et veut associer les collectivités locales à une baisse de la dépense publique dans une démarche contractuelle annoncée en 2017 à Cahors. Ceci obligerait les élu·es à faire des choix douloureux en matière de services publics locaux et donc à nourrir le sentiment d'abandon, voire d'exclusion.

La gestion de la pénurie des services publics s'est poursuivie sur fond de réformes fiscales injustes dont ont bénéficié de nombreux riches urbains et d'un discours visant à culpabiliser l'opinion sur la dette publique. Mais pourquoi payer une dette via un système fiscal injuste alors que les services publics disparaissent ? Comment supporter d'entendre qu'il faut faire des efforts alors que les inégalités augmentent et que le niveau de vie médian n'est que de 21 020 euros et moins dans de nombreux territoires et quartiers (18 000 à 19 000 euros dans l'Aude, les Pyrénées-Orientales, la Creuse et le Pas-de-Calais selon l'Insee[1]) ?

---

1. Rapport de l'INSEE « Revenu, niveau de vie et pauvreté en 2019 », 2021.

Le discours selon lequel nous vivons au-dessus de nos moyens ne passe plus. L'obsession de la baisse de la dépense publique et de la dématérialisation à marche forcée du service public, véritables fils rouges du quinquennat, non plus.

JE VOUDRAIS DÉPOSER PLAINTE POUR VIOLENCE CONJUGALE.
DÉSOLÉ, MAIS ON N'A PAS LE TEMPS DE S'OCCUPER DE CES PETITES AFFAIRES.
REVENEZ PLUTÔT QUAND IL S'AGIRA D'HOMICIDE VOLONTAIRE.
Allan BARTE

4

DROITS DES FEMMES
Derrière le discours, un néolibéralisme brutal

> « Nous serons intransigeants sur le respect de l'égalité entre les hommes et les femmes, qui sera décrétée grande cause du quinquennat. »
>
> Emmanuel Macron, mars 2017

TEMPS FORTS DU QUINQUENNAT MACRON

☛ Loi renforçant la lutte contre les violences sexuelles et sexistes (dite « loi Schiappa »), août 2018 ;

☛ Grenelle des violences conjugales, septembre à novembre 2019 ;

☛ Loi visant à protéger les mineurs des crimes et délits sexuels et de l'inceste, avril 2021 ;

☛ Loi de bioéthique élargissant l'accès à la PMA, août 2021.

Féminisme autoproclamé en bandoulière, avant et après son élection, Emmanuel Macron promettait de grandes avancées en matière de droits des femmes. Or, si certaines mesures ont fait légèrement progresser quelques revendications féministes, le bilan législatif du quinquennat, au budget insuffisant et aux orientations purement néolibérales, ne dessine que les contours d'un féminisme d'opérette tournant le dos aux femmes qui connaissent des situations économiques précaires et aux enjeux de justice sociale.

Contre les violences faites aux femmes, où est la priorité ?

La loi renforçant la lutte contre les violences sexuelles et sexistes pénalise les « propos ou comportements à connotation sexuelle ou sexiste » lorsqu'ils sont « dégradants, humiliants, intimidants, hostiles ou offensants ». Elle améliore également le dispositif permettant aux femmes de percevoir de manière moins conflictuelle les pensions alimentaires fixées judiciairement. Elle a été suivie du Grenelle contre les violences conjugales et d'une annonce de doublement du budget alloué, soit un milliard d'euros supplémentaires. En réalité, selon un rapport sénatorial[1], cette augmentation a été minime.

---

1. « Le financement de la lutte contre les violences faites aux femmes : une priorité politique qui doit passer de la parole aux actes », Rapport d'information de MM. A. Bazin et É. Bocquet, fait au nom de la commission des finances, juillet 2020.

Dans le même temps, le choix comme ministre de la Justice d'Éric Dupont-Moretti, bien connu pour ses diatribes hostiles aux femmes, et de Gérald Darmanin comme ministre de l'Intérieur, pourtant accusé de viol et de harcèlement sexuel par plusieurs femmes, a constitué un fort mauvais signal, provoquant la colère des associations féministes et décrédibilisant les discours.

Les périodes de confinement ont agi comme un amplificateur des violences. Entre avril 2019 et avril 2021, les appels au 3919, le numéro d'écoute destiné aux femmes victimes de violences, ont quasiment doublé (de 5098 à 9906), aucune politique d'ampleur n'étant menée pour faire face à ce fléau. De plus, le gouvernement n'a pas supprimé ni réduit les situations de dépendance ou de non-droit, ce qui demeure primordial pour lutter contre les violences.

(In)égalités professionnelles

Les femmes perçoivent toujours une rémunération 28 % inférieure à celle des hommes[1], notamment parce qu'elles sont cinq fois plus souvent que les hommes à temps partiel et qu'elles sont surreprésentées dans les emplois dits « non qualifiés » (services et métiers de la santé, aide à la personne, petite enfance, etc.).

Pourtant, depuis 1972, le principe d'égalité salariale entre femmes et hommes est inscrit dans le Code du travail. Les lois qui ont suivi ont tout juste envisagé des sanctions contre les entreprises en cas de non-engagement d'une

1. Simon Georges-Kot, *Insee Première* n° 1803, juin 2020.

négociation collective, sans obligation de résultat. En 2019, le gouvernement s'est félicité de mettre en place l'Index de l'égalité professionnelle, censé mesurer les inégalités entre hommes et femmes dans les entreprises. Mais cet indicateur est méthodologiquement inopérant, une entreprise avec de fortes inégalités salariales pouvant obtenir une très bonne note. Et cela n'évoluera pas avec le ministère actuel chargé de l'égalité entre les femmes et les hommes, davantage préoccupé du plafond de verre empêchant les femmes très qualifiées d'accéder aux plus hautes fonctions dans les grandes entreprises que des conditions de travail et de la précarité de millions de femmes qui ne connaissent que les bas salaires et les temps partiels imposés.

Ces inégalités ont été particulièrement flagrantes lors de la crise du Covid-19. Pour beaucoup de femmes aux situations économiques fragiles, les confinements leur ont fait perdre leur emploi ou les ont obligées à travailler plus. Dans certains métiers, la généralisation du télétravail, ajoutée à la présence des enfants à la maison, a augmenté bien plus le travail domestique des femmes que celui des hommes. Quant aux métiers du soin notamment, mais pas seulement, la plupart des travailleuses « de première ligne » ont dû pendant des semaines aller travailler dans des conditions engageant leur propre santé.

Pourtant, cette période a mis en lumière le caractère indispensable de ces emplois à dominante féminine. Mais seuls les personnels soignants ont bénéficié de quelques augmentations pérennes. Pour les « secondes lignes », une prime ponctuelle, laissée à la largesse de l'employeur ; pour les plus précaires (travail non déclaré, sans papiers…), rien, quand elles n'ont pas perdu leurs emplois. Et le gouvernement est resté sourd aux propositions de parlementaires poussant à revaloriser les métiers du lien par la reconnaissance de leurs qualifications et l'augmentation de leurs salaires. Comme il se refuse toujours à sanctionner les entreprises qui continuent de recruter systématiquement à temps partiel.

Les femmes grandes perdantes du néolibéralisme gouvernemental

La réforme de l'assurance chômage [voir chapitre 8], en s'attaquant aux droits sociaux des plus précaires, impacte beaucoup les femmes. Le nouveau décret baisse l'indemnisation des personnes en recherche d'emploi et durcit les conditions d'accès aux droits, touchant particulièrement celles en activité réduite ou discontinue. Pour elles, le nouveau mode de calcul de l'indemnisation et la suppression de la possibilité de cumul vont conduire à des allocations très basses. En l'absence de montant minimal de l'allocation journalière, on peut s'attendre à une très forte augmentation de femmes (déjà exclues des « mesures Covid » en 2020) passant au RSA et donc à une augmentation de la pauvreté[1].

1. Voir Odile Merkling, « Précarité d'emploi des femmes et propositions en vue d'y remédier », *Les Possibles*, n° 24, été 2020.

De même, la réforme des retraites, actuellement suspendue, s'avérerait particulièrement néfaste pour les femmes et elle n'en faisait certainement pas « les grandes gagnantes », contrairement aux discours mensongers du gouvernement [voir chapitre 9].

Moins de services publics : les femmes trinquent !

Avec la même logique, le gouvernement a poursuivi la dégradation des services publics. Les femmes sont doublement touchées : en tant qu'employées majoritaires de ce secteur, et en tant qu'usagères.

Cinq milliards d'euros avaient été promis pour les hôpitaux et la transformation de la médecine de ville. Mais jusqu'en 2019 et l'arrivée de l'épidémie de Covid-19, le Gouvernement Macron a ponctionné le budget hospitalier en demandant à l'hôpital public un milliard d'euros d'économie par an malgré ses besoins, notamment pour compenser le dépassement du budget alloué à la médecine de ville. Aucun projet d'ampleur n'est proposé pour la prise en charge des personnes dépendantes ou l'amélioration des conditions de travail dans tous les secteurs publics (santé, écoles, EPHAD...). Cela revient à accepter le risque de reporter majoritairement ces tâches sur les femmes, sous forme de travail non rémunéré, comme c'est souvent le cas.

Quant au plan national de relance et de résilience élaboré par le gouvernement (100 milliards d'euros), il concerne surtout des secteurs peu féminisés. Et ses options très libérales, liées aux exigences européennes pour obtenir une subvention de 41 milliards, sont très défavorables aux femmes : « incitations » au travail pour les salarié·es (en rendant le chômage invivable), amplification du dispositif d'activité partielle de longue durée (augmentant le nombre de travailleurs et travailleuses pauvres) et « rationalisation » du système de santé (via des coupes budgétaires)...

PMA pour toutes, une loi bien tardive

La loi de bioéthique du 2 août 2021 a élargi l'accès à l'assistance médicale à la procréation (PMA) aux couples de femmes et aux femmes célibataires, avec remboursement par l'assurance maladie et un nouveau mode d'établissement de la filiation. Le don et l'implantation requièrent des conditions d'âge raisonnables. C'est donc une réelle avancée, même s'il a fallu plusieurs années pour tenir cette promesse de 2017.

En revanche, la participation de la France à l'initiative internationale pour lutter contre les trafics et la marchandisation des femmes liés au développement de la gestation pour autrui (GPA) dans le monde, reste pour le moment sans résultat.

Nous ne sommes pas dupes de cette récupération des problématiques féministes et la potion est amère ! En dépit de la loi de 2014 sur l'égalité réelle (*gender budgeting*), les gouvernements d'Emmanuel Macron se fichent, quand ils votent des budgets publics ou des lois, de leurs conséquences pour les femmes.

Emmanuel Macron s'adresse au monde de la culture

5

CULTURE
Du pass culture au pass sanitaire

> « Robinson, quand le naufrage est là, il ne se prend pas les mains dans la tête en essayant de faire une grande théorie du naufrage. Il prend d'abord du jambon, du fromage. »
>
> Emmanuel Macron, mai 2020

TEMPS FORTS DU QUINQUENNAT MACRON

☛ Plan Nyssen-Blanquer sur l'éducation à la culture, septembre 2018 ;

☛ Création du passe culture, février 2019 ;

☛ Annonce d'une année blanche pour les 100 000 intermittent·es du spectacle, mai 2020.

Lors de sa conférence de presse du 19 avril 2020, le Premier ministre, en énumérant tous les secteurs d'activités impactés par le Covid, a oublié le monde de la culture. Cet « oubli » est apparu aux yeux de nombre de professionnel·les comme révélateur du peu de considération du macronisme pour la culture, malgré l'image d'un président passionné par les arts et la culture légitime[1] qu'Emmanuel Macron s'était donnée. Le 12 juillet 2021, le chef de l'État a annoncé la mise en application de sa réforme de l'assurance chômage malgré des critiques venues de tous les horizons et très vivement du milieu de la culture, particulièrement impacté de façon négative[2]. Un oubli et un passage en force,

1. La culture légitime, concept de Pierre Bourdieu, rassemble des connaissance qu'il est de bon temps d'avoir et d'apprécier aux yeux de la société.

2. On trouvera à ce sujet de nombreux exemples tels que « Culture : une réforme de l'assurance-chômage qui ne passe pas, des centaines de personnes manifestent à Tours et Orléans », France 3 Centre-Val de Loire, 18 avril 2021.

donc, qui résument en bonne partie la politique culturelle du quinquennat.

Un chèque de 300 euros

De fait, ces annonces ont confirmé que la culture était « non essentielle » pour Macron et son gouvernement. La mise en place du passe sanitaire a provoqué une nouvelle chute de la fréquentation des salles de spectacles et cinéma, secteurs qui ne se sont toujours pas relevés des deux confinements successifs. Macron argue que des milliards d'euros ont été déversés pour compenser. Mais les conséquences de la privation de spectacles ou encore de la fermeture des librairies ne se limitent pas à des pertes de chiffre d'affaires : il s'agit avant tout de penser, d'élargir son imaginaire… Bref, d'activités qui n'ont pas uniquement à voir avec le marché, mais d'abord avec le sens critique, la démocratie et l'émancipation.

Emmanuel Macron ne s'intéresse à la culture que lorsqu'il s'agit de tirer à boulets rouges sur le service public, notamment celui de l'audiovisuel. Comme tous les libéraux, le chef de l'État aimerait s'en débarrasser et n'hésite pas à favoriser des « champions industriels privés » (on pense par exemple à la fusion TF1-M6), en niant les dangers de la concentration sur la diversité culturelle et d'information[1].

---

1. Pour de plus amples renseignements sur ce sujet, on lira avec intérêt l'excellent ouvrage de Jean-Baptiste Rivoire, *L'Élysée (et les oligarques) contre l'info*, janvier 2022.

La mesure phare en matière d'accès des jeunes à la culture, prise comme un cadeau électoral en fin de quinquennat, consiste en un autre pass : le pass culture, destiné à la génération des 18 ans et qui se traduit concrètement par un chèque de 300 euros. Même si certaines limites ont été fixées pour que tout ne tombe pas dans l'escarcelle des Amazon et autres GAFAM, les entrepreneurs privés se frottent les mains : voilà une manne d'argent public pour encourager les achats privés ! Quand un gouvernement décide d'allouer 230 millions d'euros à une telle mesure, il sait très bien qu'il va encourager la reproduction des pratiques culturelles et donc des inégalités sociales, au détriment de la médiation publique, seule à même de proposer de sortir des habitudes, notamment de classe.

Les intermittent·es, prochain·es sur la liste ?

C'est bien le néolibéralisme qui a guidé l'action culturelle du gouvernement, avec l'affaiblissement du service public, l'encouragement des opérateurs privés, la croyance absolue dans l'infaillibilité du marché… Bien que ces dogmes se soient fracassés sur la crise sanitaire, la réponse n'a pas varié : des aides aux entreprises sans aucune conditionnalité à la pérennité et au développement de l'emploi.

Certes, à deux reprises, Macron lui-même au printemps 2020, puis son gouvernement au printemps 2021 ont annoncé « l'année blanche » et sa prolongation pour les artistes et techniciens intermittents du spectacle. En effet, une bonne partie d'entre eux, particulièrement celles et ceux travaillant dans le spectacle vivant, continuent de connaître une situation d'emploi à l'arrêt ou dégradée. Les mesures ont consisté à prolonger les droits à l'assurance chômage en cours en mars 2020 et à prévoir des aménagements. À partir du 1er janvier 2022, ces mesures deviennent pourtant insuffisantes: le mode de recalcul conduit à des baisses d'indemnisation.

Mais les intermittent·es du spectacle sont censés s'estimer heureux puisqu'on prolonge leurs droits au chômage, même imparfaitement. Alors qu'ils veulent travailler, on les renvoie à un «filet de sécurité». Ils doivent également s'estimer heureux d'échapper à l'immense coup de rabot que constitue la réforme de l'assurance chômage. Face aux discours culpabilisants, les professionnel·les du spectacle ont occupé plus de cent lieux culturels de mars à juin 2021. Les revendications initiales (pouvoir travailler et se voir garantir les droits sociaux, aussi bien assurance chômage que congé maladie ou parental) ont vite intégré l'abandon de la réforme du régime général d'assurance chômage, pendant que le gouvernement menaçait de ne pas prolonger les droits dans le spectacle si le mouvement s'obstinait à faire tache d'huile.

Car la réforme de l'assurance chômage représente une telle remise en cause du principe même de l'indemnisation que, bien que n'étant pas directement concernés, les artistes et technicien·nes intermittents du spectacle se sont non seulement sentis solidaires des guides conférenciers, des extras hôteliers, des intérimaires, présents dans la lutte et violemment touchés par le double effet de la réforme et de la crise, mais ont compris qu'ils seraient les prochains sur la liste. Pour Emmanuel Macron, « en France, on doit toujours bien mieux gagner sa vie en travaillant qu'en restant chez soi, ce qui n'est actuellement pas toujours le cas » (12 juillet 2021). Cette phrase mensongère cherche une nouvelle fois à faire croire que les chômeurs et chômeuses gagnent plus en ne travaillant pas et qu'ils ne veulent même pas travailler (environ 300 000 offres d'emplois ne seraient pas pourvues selon le gouvernement), justifiant ainsi sa réforme.

Pragmatisme, vraiment ?

En mai 2020, s'adressant aux professionnels de la culture, Emmanuel Macron s'est lancé dans une comparaison avec Robinson Crusoé qui, lorsqu'il fait naufrage, « ne se prend pas les mains dans la tête en essayant de faire une grande théorie du naufrage. Il prend d'abord du jambon, du fromage ». Une façon de se présenter en responsable « pragmatique », soucieux des conditions matérielles de la culture. L'ennui est que les réformes successives ont toutes eu pour effet de mettre la foule de travailleurs et travailleuses précaires à disposition du patronat pour des emplois de plus en plus courts, aux conditions de travail et de rémunération de plus en plus déplorables, et loin des aspirations à choisir son métier. C'est cette analyse qui a inspiré l'élargissement du mouvement des travailleurs et travailleuses du spectacle à la lutte contre la précarité, à la préservation et au développement des droits collectifs, dont le saccage est emblématique de la politique d'Emmanuel Macron, aussi bien dans la culture que dans tous les secteurs d'activité.

HUM... DIS, JEAN... JE GRATTERAIS BIEN UN PEU DE POGNON DE DINGUE !
PAR CONTRE, JE NE SAIS PAS ENCORE SI J'EN PRENDS UN PEU AUX TRÈS RICHES OU BIEN BEAUCOUP AUX TRÈS PAUVRES...
HA ! HA ! T'ES CON ! OK, MANU. JE ME CHARGE DES CHÔMEURS !
Allan BARTE

6

PAUVRETÉ
Plus de riches = plus de pauvres

> « Je pense que nous pouvons en une génération éradiquer la pauvreté extrême dans notre pays. »
>
> Emmanuel Macron, septembre 2018

TEMPS FORTS DU QUINQUENNAT MACRON

☛ Gel des pensions et hausse de la contribution sociale généralisée (CSG) pour les retraité·es, janvier 2018 ;

☛ Baisse des allocations logement, janvier 2021 ;

☛ Réforme de l'assurance chômage, décembre 2021.

Rappelons-nous d'abord quelques aberrations entre les premier·es de cordée et les autres, et des saillies indécentes d'Emmanuel Macron. On pense à son « il suffit de traverser la rue pour trouver un travail» ou encore au «pognon de dingue» concernant les minima sociaux qu'il évoquait... Autant de signaux révélateurs de la prise en charge des inégalités dans notre société souhaitée par le président.

Si personne ne peut prévoir ce que sera le niveau de pauvreté après la crise dite «Covid», les mesures prises en 2020 et 2021, grâce au modèle de protection sociale, ont permis d'éviter le pire. Malgré une crise économique majeure, la masse des revenus de l'ensemble des ménages a été préservée, grâce à la protection sociale et aux sommes énormes engagées par la collectivité (le fameux «quoi qu'il en coûte»).

Globalement, le phénomène de paupérisation est cependant bien réel: il concerne les chômeurs et chômeuses, les ménages monoparentaux et les jeunes. Selon le rapport du Sénat de septembre 2021 consacré à la «Lutte contre la précarisation et la paupérisation», le risque de basculer dans la pauvreté est accru par la précarisation du travail (avec les contrats courts de moins de trois mois par exemple), le travail indépendant (le nombre d'autoentrepreneurs augmente, mais les revenus qu'ils tirent restent peu élevés et leur situation est fragile), la multiplication des familles monoparentales (qui pénalise notamment un grand nombre de femmes) et la difficulté croissante d'accéder à un logement. Un autre phénomène s'ajoute à cela : le niveau élevé des dépenses fixes (elles augmentent depuis une vingtaine d'années) qui pèsent de plus en plus sur le budget des ménages modestes. Enfin les sentiments de pauvreté et de déclassement progressent avec 19 % des Français qui se percevaient comme pauvres en 2019 (contre 13 % en 2017).

Tout au long du quinquennat d'Emmanuel Macron, les inégalités entre riches et pauvres (celles et ceux qui perçoivent moins de 60 % du revenu médian) se sont creusées, les riches devenant plus riches, et les pauvres toujours plus pauvres. Illustrons ceci. Le niveau de vie des plus aisé·es, singulièrement des 1 % les plus riches, a augmenté : non seulement les revenus d'activité sont restés élevés, mais les dividendes ont explosé, notamment grâce aux mesures prises dès 2017.

Par ailleurs, selon le ministère des Solidarités et de la Santé, 4,3 millions de personnes étaient allocataires de l'un des dix minima sociaux à la fin de l'année 2019. Cet effectif augmente légèrement en 2019 (+1,2 %), après une hausse de 0,6 % en 2018. Ces deux années de faible augmentation font suite à une stabilisation des effectifs en 2017 et à une diminution en 2016 (-1,3 %). Et, pour l'Insee[1], les inégalités de niveau de vie augmentent nettement en 2018 et se sont stabilisées en 2020 sous l'effet de mesures conjoncturelles. Lorsque celles-ci prendront fin, et en l'absence de mesures salariales globales, elles risquent de repartir à la hausse. Quels sont les mécanismes qui expliquent que les creusets sont devenus des fossés ?

Le taux de pauvreté au plus haut depuis 25 ans

Le taux de pauvreté monétaire, c'est-à-dire la part de personnes pauvres (percevant un revenu inférieur à 60 % du revenu médian) dans la population a atteint 14,8 % en 2018. Il a augmenté de 0,7 point par rapport à 2017, une hausse proche de l'estimation avancée du taux de pauvreté réalisée à l'automne 2019 à partir d'un modèle de microsimulation qui annonçait la même tendance en 2019. Cette hausse intervient après une période de stabilisation entre 2014 et 2017. Elle s'explique en partie par la politique antisociale mise en œuvre avec la baisse des allocations logement (APL) et n'a cessé de se vérifier tout au long du quinquennat avec des aggravations majeures en réponse à la politique menée suite à la crise Covid.

La hausse du taux de pauvreté et des inégalités est due à une plus faible progression des revenus d'activité situés en dessous de la médiane et par la baisse des allocations logement. Les autres évolutions de la législation affectent

1. *Insee Première* n° 1813 de septembre 2020.

sensiblement le niveau de vie des plus modestes : gel du barème et baisse de 5 euros des aides au logement, réforme de la prestation d'accueil du jeune enfant et, plus récemment, la réforme de l'assurance chômage en décembre 2021.

Le taux de pauvreté progresse également pour les retraité·es, sous l'effet du gel des pensions et de la hausse de la CSG intervenus dès 2018. Il augmente singulièrement pour les familles monoparentales, passant de 33,6 % à 35,3 %, ce qui est encore plus inquiétant, étant donné que les mères isolées étaient déjà très exposées à la pauvreté. Là encore, on peut y voir un effet de la baisse des allocations logement. Comme le précisait l'Insee, « Le niveau de vie des familles monoparentales, très présentes parmi les familles pauvres, a été davantage pénalisé par la réforme des aides au logement : une famille monoparentale sur deux (50,4 %) bénéficie d'une allocation logement, contre 22 % de l'ensemble des ménages. »

En 15 ans (soit de 2004 à 2019), le taux de pauvreté a progressé de 7 % à 8,2 % si on la calcule à 50 % du niveau de vie médian, et de 12,7 % à 14,6 % si on la calcule à 60 %. Le gouvernement a l'aplomb de prétendre que le taux de pauvreté a baissé de 0,2 point entre 2019 et 2020 : or, il ne s'en situe pas moins à un niveau très élevé et, pour tout dire, à un niveau record. Le taux de pauvreté a en effet atteint 14,8 % en 2018, soit le niveau le plus élevé depuis 1996, le taux de 14,6 % établi par l'Insee[1] reste pour sa part en

1. *Insee Première* n°1875 d'octobre 2021.

seconde place. Pour atteindre de tels niveaux, si l'on met à part l'année 1996, il faut en effet remonter aux années 1970…

De fait, l'intensité de pauvreté se situe à l'un des niveaux les plus élevés de ces 25 dernières années (19,7 % en 2019). Cet indicateur évalue l'écart qui sépare le niveau moyen de vie de la population pauvre par rapport au seuil de pauvreté. Plus il est élevé, plus l'écart est important. Il sera peut-être plus parlant de rappeler que 2 millions de personnes vivaient avec moins de 700 euros par mois en 2019.

Vertige des inégalités

Sans surprise, la politique sociale et fiscale d'Emmanuel Macron est régressive : les ménages les plus pauvres perdent une part d'allocations logement tandis que les plus riches bénéficient de la réforme de la fiscalité sur le capital. L'effet des choix budgétaires du gouvernement est manifeste sur les ménages les plus pauvres. Alors que le premier décile, c'est-à-dire le seuil de revenus en deçà duquel se situent les 10 % des Français les moins riches avant redistribution, augmente entre 2017 et 2018, il diminue après redistribution. Celle-ci joue donc un rôle positif : sans elle, le taux de pauvreté atteindrait voire dépasserait 22 % tandis que l'intensité de pauvreté dépasserait 40 % selon le rapport « Minima sociaux et prestations sociales – Ménages aux revenus modestes et redistribution » portant sur l'année 2019 de la Direction de la recherche, des études, de l'évaluation et des statistiques (Drees). Or, c'est précisément à cette redistribution que le gouvernement s'est attaqué et entend continuer à le faire. Tout cela, alors qu'il maintenait mordicus ses choix fiscaux notamment.

Certes, durant la crise Covid, des dispositions ont été prises en matière de chômage partiel, ce qui a objectivement aidé les personnes qui en ont bénéficié. Mais, même pendant cette période exceptionnelle, le gouvernement n'a pas hésité à engager sa réforme de l'assurance chômage et il n'est pas revenu sur ses choix antérieurs (baisse des allocations logement, politique fiscale...).

Ne nous y trompons pas. Il n'y a aucune ambition salariale globale, les « mesures » très électoralistes prises dans l'urgence issues du mouvement des Gilets jaunes, et singulièrement l'augmentation du RSA, ou encore la toute récente indemnité exceptionnelle d'inflation de 100 euros octroyée à la moitié de la population percevant moins que le revenu médian ne vont pas changer la face de la politique macroniste, qui est tout sauf sociale !

Pour Macron, « ce n'est pas qu'une question de moyens, c'est une question d'organisation ».
Le gouvernement prévoit 900 millions d'euros d'économies dans les hôpitaux en 2021.

7

SANTÉ
La politique de la caisse vide

> « Je veux que le système de santé soit l'un des piliers de notre État-providence du XXIe siècle [...] Nous devons le restructurer pour les cinquante ans à venir. »
>
> Emmanuel Macron, septembre 2018

TEMPS FORTS DU QUINQUENNAT MACRON

☛ Suppression du « forfait social » (contribution à charge de l'employeur), mai 2018 ;

☛ Réforme « 100 % Santé » (optique, audioprothèse, soins dentaires), juin 2018 ;

☛ « Ségur de la Santé », mai à juillet 2020.

Les choix politiques d'Emmanuel Macron en matière de politique de santé ont été principalement guidés par la volonté de poursuivre les réductions des dépenses publiques de santé entamées par ses prédécesseurs, tout en en faisant supporter les coûts par les assureurs complémentaires. Ces politiques n'ont pas permis de résoudre les principaux problèmes auxquels se heurte le système de santé français : les déserts médicaux, les inégalités d'accès aux soins et la dégradation continue de l'hôpital public.

Alors qu'en 2019, la branche maladie de la Sécurité sociale arrivait à l'équilibre après plusieurs années de déficit, Emmanuel Macron a relancé la politique des « caisses vides » : suppression du « forfait social » (contribution à la charge de l'employeur) pour les entreprises de moins de 250 salarié·es en mai 2018, engendrant une baisse d'un demi-milliard d'euros de recettes pour la Sécurité sociale ; réintroduction de l'exonération des cotisations sociales des heures supplémentaires (2019). Ces deux mesures non compensées par l'État marquent la fin du compromis historique de 1994 selon lequel l'État doit compenser à l'euro près « toute mesure de réduction ou d'exonération de cotisations de sécurité sociale pendant la durée de son application ». Elles génèrent un manque à gagner appelant *de facto* des réformes et des économies pour le combler.

Accepter l'augmentation des dépenses de santé

En 2020, la Commission des comptes de la Sécurité sociale estimait à 4,4 % le taux de croissance des dépenses de santé nécessaire pour compenser l'augmentation des dépenses liées au vieillissement de la population et aux innovations médicales. Mais les lois de financement de la Sécurité sociale de 2018 à 2020 ont confirmé la volonté de limiter les dépenses publiques de santé, puisque celles-ci, fixées dans le cadre de l'Objectif national de dépense d'assurance maladie (ONDAM), n'ont progressé que de 2,3 % à 2,5 % par an. Ces taux de croissance sont insuffisants pour faire face à la hausse des dépenses de soins. Alors que les personnels hospitaliers manifestaient depuis plus d'un an face à la dégradation des soins hospitaliers, l'ONDAM de 2021 prévoyait des économies de l'ordre de 4,2 milliards d'euros pour l'hôpital public. Même après les deux années de crise sanitaire au cours desquelles le sous-financement de l'hôpital public a été largement mis à jour, l'ONDAM (hors mesures liées au Covid et au Ségur de la Santé) pour l'hôpital n'augmentera que de 2,6 % en 2022.

La crise sanitaire a toutefois contraint le président Macron à accroître les dépenses de santé et à répondre

– très partiellement – aux revendications des soignants et soignantes. Présentés en juillet 2020, les deux piliers du « Ségur de la Santé » consistent en une revalorisation des salaires des soignant·es des hôpitaux et des Ephad pour 9 milliards d'euros par an d'une part et un plan d'investissement de 19 milliards d'euros étalés sur 10 ans d'autre part. En dépit de quelques avancées, notamment salariales, les annonces du Ségur restent très en deçà des besoins de l'hôpital public. Les investissements annoncés ne compensent pas le retard pris les années antérieures et les revendications salariales laissent les salaires moyens des personnels soignants, en particulier des infirmier·es, inférieurs à ceux de leurs homologues européens (2 070 euros nets contre 2 600 euros nets en moyenne dans l'OCDE). Ces augmentations ne permettront pas de combler les besoins en personnel des hôpitaux publics et ne soulageront pas la souffrance de celles et ceux qui y travaillent : à la fin 2021, 20 % des lits d'hôpitaux en France sont fermés faute de personnel. Enfin, aucune mesure concernant l'administration ou l'articulation entre médecine de ville et hôpital n'est envisagée.

Des soins livrés au secteur privé…

Dans la lignée des précédents gouvernements, un axe majeur de la politique d'Emmanuel Macron consiste à réduire la fourniture publique de soins au profit de l'offre privée. Depuis plusieurs années, les capacités d'hospitalisation à temps plein diminuent tandis que les places en hospitalisation partielle (moins d'un jour) augmentent. Ainsi, en 2017, l'offre hospitalière à temps plein est tombée à moins de 400 000 lits, soit 69 000 lits de moins qu'en 2003. De la même façon, les services de soins critiques (réanimation, soins intensifs et surveillance continue) ont vu leur nombre de lits diminuer de 5,6 % entre 2013 et 2019. Enfin, le nombre d'établissements de santé diminue lui aussi progressivement : entre 2013 et 2017, le nombre d'hôpitaux de statut public ou privé à but non lucratif a été amputé de 126 établissements, au profit de cliniques privées lucratives.

Ce transfert de la prise en charge du patient de l'hôpital public vers le privé est clairement assumé dans le « virage ambulatoire » et dans le plan « Ma santé 2022 » : baisse de l'offre de soins hospitaliers compensée par la création de 4 000 postes d'assistants et assistantes médicaux au statut très imprécis ; prise en charge des urgences non vitales par les médecins libéraux après 20 heures ; développement de la médecine « numérique » comme solution face aux déserts médicaux et aux difficultés d'accès à certains spécialistes.

La réforme « 100 % Santé » permet aux patient·es bénéficiant d'une complémentaire santé d'accéder à des biens médicaux en optique, audioprothèse et dentaire sans reste à charge. Appliquée progressivement à partir de janvier 2019, cette réforme améliore l'accès à ces biens médicaux que les assureurs privés remboursaient très inégalement et dont la prise en charge par la Sécurité sociale est très faible, voire nulle. Le coût de cette réforme est ainsi supporté quasi exclusivement par les assureurs complémentaires qui pour ce faire doivent inévitablement augmenter leurs tarifs. Selon Philippe Mixe, président de la Fédération nationale indépendante des mutuelles, une hausse «brutale et inédite» (de 7 à 10 %) est attendue en 2022.

... et des charges transférées vers les complémentaires

Encouragé par les pouvoirs publics, le développement de l'assurance complémentaire en santé est un facteur important de croissance des inégalités d'accès aux soins. En effet, si près de 96 % de la population dispose d'une couverture complémentaire en santé, la qualité de cette couverture est fortement liée à la position sociale de chacun·e: les plus gros salaires bénéficient d'un niveau de remboursement plus élevé, et parmi les 4 % des personnes non couvertes, on trouve principalement des chômeurs et chômeuses, des précaires et des étudiant·es.

La part croissante prise par l'assurance complémentaire est un élément central du développement d'un système de santé à deux vitesses: d'une part, un secteur public insuffisamment financé, dont le périmètre et la qualité se dégradent, mais dont les coûts sont bien pris en charge. D'autre part, un secteur privé dont le périmètre augmente mais face auquel les patient·es sont inégaux, plus ou moins, voire non remboursés, en fonction de la complémentaire dont ils disposent.

En définitive, le quinquennat d'Emmanuel Macron a poursuivi et accentué les politiques antérieures, en cherchant à réaliser 15 milliards d'économie en cinq ans, et en affaiblissant l'hôpital public et la Sécurité sociale au profit de l'assurance complémentaire. Si la crise sanitaire n'a pas permis de réaliser pleinement cet objectif, il est à craindre qu'un second mandat le lui permette.

BAISSE DU CHÔMAGE !!!

8

TRAVAIL
Traverser la rue

> «Si vous êtes prêt et motivé dans l'hôtellerie, le café, la restauration ou dans le bâtiment ... je traverse la rue, je vous en trouve ! Ils veulent simplement des gens qui sont prêts à travailler avec les contraintes du métier.»
>
> Emmanuel Macron, septembre 2018

TEMPS FORTS DU QUINQUENNAT MACRON

☛ Les quatre ordonnances «travail», septembre 2017 ;

☛ Loi dite «avenir professionnel», septembre 2018 ;

☛ Décret relatif au dispositif spécifique d'activité partielle en cas de réduction d'activité durable, juillet 2020 ;

☛ Réforme de l'assurance chômage, décembre 2021.

Les réformes menées au cours de ces cinq dernières années sont porteuses d'une certaine conception de l'emploi et du rapport de travail : le droit social n'a plus vocation à protéger le salarié contre les aléas de la vie et les excès du pouvoir patronal. Il devient le cadre du citoyen économiquement actif – pour reprendre la terminologie du droit européen – à qui on fait croire qu'il est libre de travailler et d'accepter les contraintes du métier.

Les politiques de l'emploi pensent de moins en moins le chômage comme un risque social et de plus en plus comme une situation relevant de la responsabilité individuelle du travailleur ou de la travailleuse sans emploi. Ce changement de conception s'est traduit aussi bien dans les réformes de l'accompagnement des demandeurs et demandeuses d'emploi que dans les réformes de l'indemnisation de ces derniers.

Le mythe des « fainéants »

La réforme « avenir professionnel » de 2018 a ainsi monétisé le compte personnel formation (CPF) arguant de la possibilité pour chacun d'investir dans son employabilité. Dans le même temps, Pôle emploi a développé des applications numériques censées faciliter la recherche d'emploi, de formations, de création d'entreprise, etc. L'imaginaire du « gamer-startuper » fait ici son chemin. Au moyen de son smartphone et de son CPF, la personne en recherche d'emploi doit être un actif « prêt et motivé » ; chercher un emploi deviendrait presque un jeu. Et pour les « fainéants » et les « cyniques », Pôle emploi est là pour les contrôler et les sanctionner.

Dans le même sens, les réformes de l'indemnisation du chômage pénalisent désormais les travailleurs et travailleuses permittents (non permanents, mais travaillant régulièrement) présentés comme des profiteurs et profiteuses. Enchaîner les *bullshit jobs* tiendrait moins à la précarité de l'emploi qu'à une fâcheuse tendance à l'oisiveté. À en croire la ministre du Travail, les chômeurs et chômeuses gagneraient plus au chômage qu'en travaillant d'où la nécessité de les motiver. Ce serait même faire œuvre de justice sociale…

Pour le gouvernement en effet, celle-ci revêt plusieurs aspects : un durcissement du seuil d'accès à l'indemnisation (6 mois de travail au lieu de 4 pour déclencher un début d'indemnisation) particulièrement dur pour les jeunes, une dégressivité pour les cadres (30 % de baisse de l'allocation mensuelle après 6 mois au chômage), un profond changement du calcul du salaire journalier de référence (SJR) qui sert de base à celui de l'allocation, et une vague modulation des cotisations patronales pour faire semblant d'équilibrer les « efforts ». En réalité, cette dernière mesure, un micro bonus-malus pour limiter le recours aux contrats courts, ne s'appliquera qu'en septembre 2022 qu'à certains secteurs et ne concernera qu'un nombre ridicule d'employeurs. Mais le changement de calcul du SJR, lui, s'est traduit dès le 1er octobre 2021 par des baisses drastiques d'allocation pour 1,15 million de personnes. Malgré un jugement de suspension en référé du Conseil d'État, le durcissement du seuil supprime ou repousse l'ouverture de droit pour 500 000 autres personnes et 50 000 cadres sont touchés par la dégressivité. Il s'agit d'un changement de nature du système d'allocations chômage, puisqu'il revient à faire peser sur les épaules des précaires la responsabilité de leur propre précarité, rompant ainsi avec le principe d'une prise en charge collective du risque de chômage.

Les réformes intéressant le travail de plateforme témoignent aussi de cette conception du travailleur « automobile », pour reprendre la formule de l'économiste Frédéric Lordon, sur le marché du travail. Mieux vaudrait être ubérisé que chômeur ou chômeuse ! En marge du droit social, l'ordre économique met en place un simili-dialogue social, un ersatz de protection du risque santé aux mains des assureurs, un semblant d'accompagnement social dans le cadre de la création d'entreprise. Liquéfiés sur un compte personnel, les droits sociaux sont ici en outre livrés à une logique entièrement marchande. La travailleuse ou le travailleur est bien plus pensé comme un consommateur de prestations de services que comme un acteur ayant un droit fondamental de participer à la gestion du système de protection sociale. Quant à l'arbitraire patronal et à la violence économique, ils demeurent intacts !

La fin des comités d'entreprise

La « liberté » du chômeur ou de la chômeuse masque mal l'injonction d'un retour à l'emploi « quoi qu'il en coûte » aux salarié·es. Il faut « accepter les contraintes du métier » : les bas salaires, les horaires éclatés, les cadences intenables, l'arbitraire patronal, les troubles musculo-squelettiques, etc. C'est comme ça. Il faut « traverser la rue » pour mieux se soumettre au pouvoir patronal.

Les réformes de 2017 sont le symbole de la volonté de sécuriser l'employeur lorsqu'il licencie. Elles ont rendu plus difficile la contestation par le ou la salarié·e de son licenciement. Les accords dits de performance collective en sont la traduction la plus remarquable. Ces accords permettent d'imposer aux salarié·es des sacrifices qu'elles ou ils ne peuvent refuser de faire sans risquer de perdre leur emploi, là où l'employeur est pour sa part quitte de tout engagement, tout en échappant au droit du licenciement pour motif économique et aux obligations et contrôles qui, normalement, lui imposent de justifier ses choix.

De même, les instances de représentation des salariés dans les entreprises ont été profondément remodelées: désormais, leur rôle consiste moins à défendre les premiers qu'à accompagner les choix des secondes. En instituant le comité social et économique (CSE) et en supprimant le comité d'entreprise, le comité d'hygiène de sécurité et des conditions de travail (CHSCT) et les délégués du personnel, l'ordonnance de 2017 finit de saper la capacité des élu·es du personnel à défendre utilement les intérêts et les droits des salariés. Quatre ans après son adoption, le résultat est net, le temps consacré à leur mandat par les représentant·es des salarié·es est très largement absorbé par les discussions avec les directions plutôt qu'aux missions de proximité. Le dialogue social est de plus en plus une illusion procédurale: les faux-semblants de la consultation des salarié·es suffisent à donner au pouvoir patronal le vernis de la démocratie sociale.

La crise sanitaire a permis de renforcer un peu plus le pouvoir patronal. Au nom de l'urgence sanitaire, celui-ci a pu imposer aux salarié·es de prendre des congés, souffler le chaud et le froid sur le télétravail, menacer de suspension de salaire celles et ceux qui ne se soumettraient pas à l'obligation vaccinale… Investi d'un rôle dans la lutte contre la pandémie, le pouvoir patronal a pu s'exercer sans véritable contrôle. Le dialogue social a été légalement dégradé, alors même qu'il s'agissait de protéger la santé des salarié·es ou que certaines décisions conduisaient à faire peser en partie le risque financier sur les travailleurs et travailleuses. Le contrôle de l'autorité administrative a été allégé, tant concernant l'autorisation de recours à l'activité partielle que du contrôle des règles sanitaires. Ceci n'a fait l'objet d'aucune mesure contraignante, le ministère du Travail n'ayant adopté que de simples recommandations, tout en rappelant à l'ordre, voire en sanctionnant les inspecteurs du travail qui ont rappelé trop durement les employeurs à leur obligation de sécurité.[1]

La réalité travestie

Le droit du travail est une technique réversible, disait le spécialiste de droit social Gérard Lyon-Caen. Il devient plus que cela. Il devient une technique de travestissement de la réalité sociale. La loi fait miroiter une réalité qui n'existe pas. Non, « la vie d'un entrepreneur [n'est pas] plus dure que celle d'un salarié »[2]. Non, il ne suffit pas de traverser la rue pour trouver du travail.

1. Isabelle Forboteaux, « Anthony Smith : "Celui qui a dit que j'étais coupable a décidé de la sanction. Ce n'est en aucun cas le droit" », France 3 Grand-Est, 16 septembre 2020.

2. Emmanuel Macron, le 20 janvier 2016, sur BFMTV.

RÉFORME DE L'ASSURANCE-CHÔMAGE: DURCISSEMENT DES RÈGLES

9

CHÔMAGE
Une vraie fausse baisse

« Le chômage est au plus bas depuis près de quinze ans. Nous ne devons pas viser seulement 7 % de chômage, mais bien le plein emploi. »

Emmanuel Macron, novembre 2021

TEMPS FORTS DU QUINQUENNAT MACRON

☛ Ordonnances sur le Code du travail, septembre 2017 ;

☛ Plan « Un jeune, une solution », juillet 2020 ;

☛ Réforme de l'assurance chômage, décembre 2021.

Le titre de l'article des *Échos* daté du 19 novembre 2021 «Malgré un taux d'emploi record, la France conserve un chômage de masse» relativise le *satisfecit* d'Emmanuel Macron face à l'évolution de l'emploi. La note de l'Insee de novembre 2021 mentionnée par l'article indique que le taux de chômage au sens du Bureau international du travail (est considérée comme chômeur ou chômeuse une personne sans emploi, disponible dans les deux semaines et en recherche active d'emploi) est en très légère augmentation par rapport au trimestre précédent à 8,1 % de la population active (la population active regroupe les personnes en emploi et celles en recherche active d'emploi) et supérieur aux prévisions de l'Insee (7,6 %). Certes, c'est moins qu'au début du quinquennat (9,5 % au deuxième trimestre 2017). C'est même le taux le plus bas depuis la crise financière de 2008.

Le gouvernement voit dans cette embellie apparente les effets de sa politique. La réalité est plus complexe. Plusieurs facteurs expliquent cette embellie, notamment le dynamisme des créations d'emplois lié à la forte reprise économique en 2021 (taux de croissance du PIB estimé à 6,3 % par la Banque de France en 2021) succédant à la contraction historique de 2020 (-8,3 %) liée aux confinements et mesures sanitaires strictes. En 2021, il devrait y avoir selon l'Insee 500 000 créations nettes d'emplois salariés, contrastant avec les 300 000 destructions nettes de 2020. Les augmentations de la population active et du taux d'emploi (le taux d'emploi est le rapport entre le nombre d'actifs – personnes en emploi et chômeurs et chômeuses – et le nombre de personnes en âge de travailler) indiquent également que des personnes qui avaient renoncé à chercher du travail ont recommencé à le faire.

Les mesures de soutien aux entreprises (chômage partiel, prêt garanti par l'État – ou PGE) ont évité de nombreuses faillites et leur ont permis de maintenir le personnel ou d'embaucher en 2021. Il y a aussi un effet de rattrapage dans les secteurs les plus touchés par la crise Covid comme l'hôtellerie, la restauration, des nombreux commerces et services ainsi que le bâtiment. Ceux-ci ont du mal à recruter faute de candidat·es (conditions de travail dégradées, salaires faibles, plages horaires étendues) ou de postulant·es formés.

Des nuages derrière ces bons chiffres

Les données de Pôle emploi racontent une autre histoire que celle du gouvernement. Entre mai 2017 et le 3e trimestre 2021, le nombre d'inscrit·es à Pôle emploi « tenus de chercher un emploi » (catégories A, B et C) a augmenté, passant de 5 864 000 à 5 871 100. La baisse du nombre d'inscrits en catégorie A s'est faite au détriment des autres catégories. Et 63 % des nouvelles embauches se font en contrat à durée déterminée de moins d'un mois. Si ces salarié·es ne retrouvent pas d'emploi à la fin de leur contrat, elles ou ils risquent de subir les rigueurs de la réforme de l'assurance chômage (l'amputation de leurs indemnités pouvant dépasser 40 %).

Si l'économie française enregistrait en 2021 une reprise plus rapide que ses voisins européens, elle pourrait ralentir, avec des conséquences négatives sur l'emploi dès 2022. La fin des mesures d'aide aux entreprises et les remboursements des PGE risquent de plomber les entreprises fragiles et de provoquer une vague de faillites et de destruction d'emplois.

La polémique culpabilisante sur les offres d'emplois non pourvues

Se sentant pousser des ailes, Emmanuel Macron a déclaré : « dans des secteurs comme la restauration, les bâtiments et travaux publics, les services, l'artisanat et l'industrie, tous les entrepreneurs me disent peiner à recruter [...]. Au moment où 3 millions de nos compatriotes se trouvent encore au chômage, cette situation heurte le bon sens ». Après ses fameux propos sur le fait de devoir simplement traverser la rue pour trouver un travail, il prend à nouveau les accents de la critique facile du chômage volontaire.

En septembre 2021, le Premier ministre estimait à 300 000 le nombre d'offres d'emplois non pourvues. Ce nombre n'a aucun fondement. Certes, des offres d'emplois restent non pourvues... jusqu'à ce qu'elles le soient ! Car il existe un décalage temporel entre la publication d'une offre et son retrait une fois celle-ci pourvue. Dans une enquête du 3 novembre 2021, les journalistes de France Info ont ainsi calculé à partir des données de Pôle emploi qu'« en moyenne, 50 % des annonces ont été publiées il y a moins de 14 jours [...] et 90 % il y a moins de 43 jours ».

L'agence nationale chargée de l'indemnisation des demandeurs d'emploi a réalisé deux enquêtes sur les « abandons de recrutement » (offres n'aboutissant pas) en 2017 et en 2018. Elles font effectivement état de 300 000 à 348 000 offres de ce type sur 3,2 millions d'offres étudiées, mais regroupent des situations disparates. Certaines annonces sont retirées par les employeurs. Selon Pôle emploi, on ne dénombre que 157 000 abandons de recrutement faute de candidat·es (moins de 5 % des offres de Pôle emploi). Dans de nombreux cas, les recruteurs et recruteuses ont bien reçu des candidatures qu'ils n'ont pas retenues. Preuve que les demandeurs et demandeuses d'emploi ont voulu être recrutés.

Le nombre d'offres d'emplois non pourvues demeure donc de très loin inférieur au nombre de demandes d'emplois : sur tout le territoire français, Pôle emploi dénombrait 5 871 100 demandeurs et demandeuses d'emploi toutes catégories confondues (dont 3 544 100 de la catégorie A, souvent mise en avant) au 3e trimestre 2021.

Et maintenant ?

Les effets de la conjoncture et les mouvements internes aux différentes catégories expliquent en quoi il s'agit d'une vraie fausse baisse du chômage. Cette évolution a été portée par la forte croissance économique suite à la crise sanitaire. Outre qu'une telle croissance ne fait qu'aggraver la crise écologique, le gouvernement lui-même ne pense pas qu'elle puisse perdurer. L'économie française, comme celle de l'Union européenne, risque de se retrouver face à son problème fondamental, celui de la faiblesse de la demande effective due aux politiques d'austérité menées depuis des années. De plus, il est possible, sinon probable, que des politiques d'austérité plus ou moins importantes soient mises en œuvre pour réduire la dette publique, politiques qui auront un effet récessif sur l'emploi. L'alternative aurait été d'engager une transition écologique et sociale en rupture avec ces orientations, qui permettrait de créer massivement des emplois. Tel n'est pas le choix du gouvernement, visiblement.

Dans cette situation, il est à craindre que soient appliquées assez classiquement les recettes néolibérales en matière d'emploi se caractérisant par une remise en cause des droits des salarié·es, une flexibilisation toujours plus grande du marché du travail et une précarisation accrue. Cela avait été le choix de François Hollande avec la loi El Khomri et celui d'Emmanuel Macron avec la seconde loi travail. La baisse des cotisations sociales sur les bas salaires, inaugurée dans les années 1990 et poursuivie par tous les gouvernements, vient compléter ces mesures. Elle favorise le recours par les employeurs aux minijobs mal payés, ce que vient confirmer la situation actuelle qui voit l'essentiel des embauches se faire en contrat court de moins d'un mois. Les emplois créés sont souvent des emplois non qualifiés, et ce, en contradiction avec l'impératif, répété comme une antienne, d'une compétitivité basée sur l'innovation et donc sur la qualification des salarié·es. Les relatifs bons chiffres actuels, non seulement ne disent rien sur l'avenir, mais cachent cette réalité inquiétante.

Les hommes aisés ont une espérance de vie de 84 ans, contre 71 ans pour les plus modestes

10

RETRAITES
Une équité… pas vraiment équitable

« Le problème des retraites n'est plus un problème financier. »

Emmanuel Macron, février 2017

TEMPS FORTS DU QUINQUENNAT MACRON

☛ Nomination d'un haut-commissaire à la Réforme des retraites, septembre 2017 ;

☛ Application de l'article 49.3 à l'Assemblée nationale pour l'adoption du texte de réforme des retraites, mars 2020 ;

☛ Emmanuel Macron repousse la réforme, minée par l'épidémie, au-delà du quinquennat, novembre 2021.

Réformer les retraites était le projet majeur voulu par Emmanuel Macron lorsqu'il était candidat à la présidentielle. Il promettait une réforme en profondeur du système, avec le passage à un régime unique de retraites qui viendrait remplacer tous les régimes actuels. Ce système était présenté comme étant plus juste et plus lisible, sur le principe : « un euro cotisé donnera les mêmes droits ». Il avait promis qu'il ne toucherait pas à l'âge de départ à 62 ans, qu'il n'y aurait pas d'allongement de la durée de cotisation, ni de baisse des pensions.

Une fois élu, Emmanuel Macron a nommé Jean-Paul Delevoye Haut-Commissaire à la réforme des retraites et l'a chargé de préparer la création de ce régime unique et d'organiser la concertation avec les principaux acteurs. En juillet 2019, Delevoye publie son rapport « Pour un système universel de retraites » qui présente le nouveau système. Les obstacles se succèdent alors. Ce projet soulève l'hostilité d'une majorité de syndicats et déclenche, à partir de septembre 2019, un important mouvement social. Devant cette opposition, le gouvernement décide de passer en force. Il dépose en janvier 2020 un projet de loi instituant le système universel de retraites. Puis le 29 février, un Conseil des ministres extraordinaire – initialement consacré au coronavirus – autorise le recours à l'article 49.3 pour faire adopter, sans vote donc, le projet par l'Assemblée nationale ! Mi-mars, dans le nouveau contexte d'urgence sanitaire, la réforme est suspendue.

Les déclarations politiques officielles se sont ensuite multipliées, affirmant parfois que les conditions n'étaient pas remplies pour relancer une réforme avant la fin du quinquennat, parfois qu'elle ne serait pas reprise en l'état, mais que le président souhaitait réformer les régimes spéciaux, porter la pension minimale à 1 000 euros pour une carrière complète… et reculer l'âge de départ ! À noter que ce niveau de pension devrait déjà être une réalité depuis longtemps, car la loi de 2003 fixait déjà l'objectif du minimum de pension à 85 % du Smic (soit 1046 euros en 2021)… qui devait être atteint en 2008 ! Finalement, dans son discours du 9 novembre 2021, Emmanuel Macron a annoncé que cette réforme était différée, mais qu'il tenait cependant à la mettre en œuvre…

Le projet Macron : quelle réforme et pourquoi ?

Les précédentes réformes avaient toutes été menées au nom de l'équilibre financier des caisses de retraite. Le déficit est en voie de résorption (les comptes des régimes de retraite étaient à l'équilibre à la veille de la pandémie ; la dégradation intervenue en 2020 est conjoncturelle, liée à la crise sanitaire) au prix d'une baisse continue du niveau des pensions. Mais c'est l'« équité » qui est désormais mise en avant : « à carrière identique et revenu identique, la retraite doit être identique ». Ce qui signifie aussi : à carrière courte et faible revenu, faible retraite… même règle pour tout le monde, malgré l'impasse sur la pénibilité de certains métiers, responsable pourtant de fortes différences dans l'espérance de vie.

La réforme voulue par le gouvernement devait constituer un changement de système, avec le passage à un régime unique « par points » et non plus par annuités (comme les régimes de base actuels). Un régime par points vise à ce que la pension d'une personne reflète au plus près la somme des cotisations versées tout au long de sa vie active. C'est une logique d'individualisation. Toute la carrière est prise en compte pour calculer la pension, et non plus seulement les 25 meilleures années de salaire au régime général, ou les six derniers mois pour la fonction publique. Les mauvaises années – chômage, bas salaires, périodes de temps partiel, interruption d'activité – fourniront peu ou pas de points et contribueront à baisser le niveau de pension, alors qu'actuellement, elles sont éliminées du calcul.

Ce système pénalise donc toutes les personnes aux carrières courtes ou heurtées, en particulier les femmes, en contradiction avec la promesse de réduire les inégalités de pension entre les sexes… Il pénalise aussi les fonctionnaires. De plus, alors que le système par annuités garantit un taux de remplacement (rapport de la pension au salaire) pour une carrière complète, rien de tel n'existe dans un système par points, et donc aucune visibilité sur la pension future. À cette détérioration programmée des pensions, s'ajoute la menace brandie dans le projet de Delevoye (que Laurent Pietraszewski, secrétaire d'État chargé des retraites avait pour mission de mettre en œuvre) de fixer un « âge pivot », obligeant les salarié·es à travailler jusqu'à ce moment-là même s'ils ont la durée de cotisation requise pour partir en retraite à taux plein.

Ouverture à la capitalisation

Si ce projet, différé, mais toujours envisagé, représente une modification structurelle du système, il se situe néanmoins dans la même logique néolibérale que les précédentes réformes, qui visent à limiter les dépenses publiques. En effet, surdéterminant le tout, il est prévu un plafonnement des dépenses de retraite à leur niveau actuel, soit 14 % du produit intérieur brut. Alors que la proportion de retraité·es dans la population va augmenter, décider de limiter la part de la richesse produite qui leur revient signifie programmer leur appauvrissement global par rapport à la population active. Là encore, en contradiction évidente avec les promesses d'un régime de retraite plus juste.

Même si ce projet suspendu reste basé sur le principe de répartition, il élargit la voie à la capitalisation : sur la tranche de salaire supérieure à 120 000 euros par an (3 fois le plafond de la Sécurité sociale), on ne cotisera plus dans le système commun (ce plafond existe aujourd'hui, mais il est bien plus haut, 8 fois le plafond). Les hauts revenus sont ainsi incités à souscrire une épargne retraite, favorisée par des avantages fiscaux... payés donc par tous les contribuables. La baisse du niveau des pensions résultant des réformes passées a déjà poussé les personnes qui en ont les moyens à se constituer une retraite complémentaire auprès d'assurances privées.

Moins de solidarité

Cette logique du renforcement du lien entre cotisations et pensions – ce qu'on nomme la contributivité – signifie à l'inverse l'affaiblissement de la part de solidarité dans le montant des pensions. De fait, c'est ce qu'on constate en comparant les retraites de base qui fonctionnent par annuités et les retraites complémentaires par points pour les salarié·es du privé. Dans ces dernières, la part de solidarité représente seulement 6,9 % du montant des pensions versées par ces régimes, alors qu'elle en représente 23,1 % dans les régimes par annuités. Les femmes sont particulièrement concernées puisqu'elles bénéficient majoritairement des dispositifs de solidarité à travers les droits familiaux, le minimum de pension et la réversion. Moins de solidarité, donc moins de redistribution.

Le gouvernement a indiqué que le système qu'il souhaitait mettre en place conserverait « un haut niveau de solidarité ». Mais c'est une promesse sans aucune garantie, qui ne figure pas dans le projet de loi. D'autant plus que le financement de la solidarité sera assuré non plus par des caisses de retraite paritaires, mais par un établissement public financé par les recettes fiscales, dont le budget sera soumis chaque année à réévaluation. Dans le contexte de « redressement des finances publiques », il y a là un risque majeur de régression !

Si Emmanuel Macron a annoncé que son projet était différé, il l'a estimé toutefois nécessaire, en ajoutant même qu'il faudrait travailler plus et plus longtemps. Il a annoncé un débat sur le sujet pour 2022… pour mieux séduire l'électorat de droite en période électorale ?

LA SUPPRESSION DE L'ISF A SURTOUT BÉNÉFICIÉ AUX 5% DES MÉNAGES LES PLUS RICHES
QUOI ? QU'OUÏE-JE ? JUSTICE, JUSTE CIEL !
MAIS OULALA MAIS C'EST INCROYABLE TELLEMENT JE N'EN REVIENS PAS NI DE MES YEUX NI DE MES OREILLES, NI DES LÈVRES, NI DES DENTS !!!
MAIS QUELLE EST DONC CETTE SORCELLERIE CROQUIGNOLESQUE QUI SE JOUE DE MOI À MON CORPS DÉFENDANT ?
J'AI BEAU DONNER TOUJOURS PLUS D'ARGENT AUX RICHES, ILS N'EN DEVIENNENT QUE PLUS RICHES ?!!
EST-CE QUE CE MONDE EST SÉRIEUX ? ANDALOUSIE, JE ME SOUVIENS...
Allan BARTE

11

FISCALITÉ
Le ruissellement vers le haut

« Heureusement qu'on a supprimé cette aberration. »

Emmanuel Macron, à propos de l'ISF, octobre 2017

TEMPS FORTS DU QUINQUENNAT MACRON

☛ Transformation de l'impôt de solidarité sur la fortune (ISF) en impôt sur la fortune immobilière (IFI) et prélèvement forfaitaire unique de 30 % (PFU), décembre 2017 ;

☛ Baisse du taux de l'impôt sur les sociétés (IS) et des impôts de production (CVAE), à partir de 2018 ;

☛ Suppression progressive de la taxe d'habitation (TH), à partir de 2018 ;

☛ Gel de la hausse progressive de la taxe intérieure sur la consommation des produits énergétiques (TICPE), à partir de 2019.

L'orientation fiscale du quinquennat a été vite comprise. Dès fin 2017, trois mesures emblématiques étaient votées. Destinées à favoriser les plus riches, le pouvoir les a justifiées en arguant qu'elles permettraient de dynamiser l'investissement et de circonscrire l'exil fiscal des plus fortunés. Autrement dit, de « ruisseler » sur l'ensemble des agents économiques…

Toujours plus pour les riches

La première mesure est la baisse du taux de l'impôt sur les sociétés (IS), passé de 33,3 % en 2017 à 25 % en 2022, sans élargir son assiette. Évaluée en 2017 à 11 milliards d'euros, son coût pourrait être *in fine* plus élevé. Les PME, soumises au taux réduit de 15 %, n'en bénéficient pas, mais elle permet aux plus grandes de distribuer plus de dividendes aux actionnaires. Avec la seconde, le prélèvement forfaitaire unique (PFU), les revenus financiers et les plus-values sur cession de titres financiers échappent au barème progressif de l'impôt sur le revenu pour être imposés à un taux proportionnel. D'un coût de 1,3 à 1,8 milliard d'euros par an, le PFU a surtout profité aux plus riches dont les revenus sont imposés dans la plus haute tranche du barème progressif. Enfin, la transformation de l'impôt de solidarité sur la fortune (ISF) en impôt sur la fortune immobilière (IFI) signe le troisième volet d'une trilogie orientée vers les plus riches pour un coût de 3,8 milliards d'euros.

Emmanuel Macron avait promis un bilan de ces mesures, mais dès celui-ci connu, il a refusé de les remettre en cause. C'est qu'au lieu de l'effet escompté sur l'investissement, elles ont surtout boosté le versement de dividendes, créant un effet boule de neige qui nourrit les inégalités. Selon le troisième rapport du Comité d'évaluation des réformes de la fiscalité du capital de France Stratégie (octobre 2021), la progression du versement des dividendes et des plus-values a surtout bénéficié aux plus riches. En 2019, 62 % des dividendes ont été reçus par 39 000 foyers fiscaux (les 0,1 % les plus riches) et 31 % de ces mêmes dividendes par 3 900 foyers fiscaux (soit les 0,01 % les plus riches). Par ailleurs, ces 3 900 foyers ont bénéficié de 76 % des plus-values. Tout cela sans effet notable sur l'investissement et les salaires… Le ruissellement invoqué n'a donc pas fonctionné.

Cette concentration du bénéfice de ces mesures était prévisible. Dans son rapport sur l'évaluation de la transformation de l'ISF en IFI et de la création du PFU (octobre 2019), la Commission des finances du Sénat estimait déjà que 1 317 redevables de l'ISF en 2017 avaient économisé en moyenne 108 824 euros avec le passage à l'IFI et 1 000 contribuables avaient économisé 172 220 euros d'impôt sur le revenu avec le passage au PFU.

Quant à l'exil fiscal, si souvent invoqué par le gouvernement pour justifier ces réformes, il était marginal avant ces mesures et baissait avant leur mise en œuvre. Pour France Stratégie, l'actif net imposable des « exilés fiscaux » ne représentait que « 0,3 % entre 2004 et 2010, 0,5 % de 2011 à 2013, 0,4 % en 2014 et 2015. Cette part redescend à [...] 0,1 % en 2017 », soit avant les « réformes Macron ». On dénombrait aussi des retours de l'étranger qui représentaient « entre 0,05 % et 0,21 % des recettes d'ISF ».

Toujours plus pour les grandes entreprises

Les entreprises ont également bénéficié de la réforme du crédit d'impôt pour la compétitivité et l'emploi (CICE), qui a été transformé en allègement de cotisations sociales. Un dispositif qui pérennise le coût annuel de 20 milliards d'euros d'un CICE, au bilan pourtant très faible. Le CICE a permis de créer ou de sauvegarder entre 100 000 et 115 000 emplois entre 2014 et 2016, soit un coût de près de 200 000 euros par emploi... Le même argent utilisé autrement aurait permis d'en créer beaucoup plus. D'autant que « les estimations [...] ne permettent pas de conclure à un effet du dispositif sur l'investissement[1] ». Accroître le

1. Rapport du Comité d'évaluation du CICE de septembre 2020.

coût déjà élevé des allègements a de quoi interroger : selon le Comité de suivi des aides publiques aux entreprises et engagements en juillet 2017, « on ne dispose à ce jour d'aucune évaluation des effets sur l'emploi de cette politique sur l'ensemble des 25 dernières années ». Ces dispositifs présentent en outre des effets pervers puisqu'ils incitent des employeurs à maintenir les salaires sous les seuils d'exonération.

Enfin, les entreprises bénéficient aussi de la baisse des impôts de production (en matière de cotisation sur la valeur ajoutée des entreprises et de cotisation foncière des entreprises par exemple) pour un coût de 20 milliards d'euros en deux ans. Ces mesures s'inscrivent dans la logique néolibérale de l'offre. Le gouvernement a tenté de faire croire que ces impôts étaient déconnectés des performances économiques des entreprises. C'est en grande partie faux : la cotisation sur la valeur ajoutée des entreprises (CVAE) tient par exemple précisément compte de la valeur ajoutée, donc de l'activité économique des entreprises. Loin d'être ciblées sur les entreprises en difficulté, ces mesures bénéficient à toutes, qu'elles soient industrielles ou non, délocalisables ou non. Elles concernent aussi les grandes entreprises, qui bénéficieront de 26 % de ces baisses, mais très peu les plus petites, qui en sont le plus souvent exonérées. Pour les collectivités locales qui perçoivent ces impôts, l'État prévoit une compensation comme pour la suppression de la taxe d'habitation. Mais ce faisant, il accroît son pouvoir sur les finances locales alors que les élu·es locaux sont déjà soumis à la pression du gouvernement pour réduire leurs dépenses publiques locales…

Ce bilan coûteux pour les finances publiques a suscité de vifs mécontentements qui ont contribué à affaiblir le consentement à l'impôt, pourtant l'un des piliers de toute démocratie.

Toujours plus de com'

Certes, auprès des ménages, le gouvernement se targue d'une mesure comme la suppression de la taxe d'habitation, prévue au départ pour 80 % des foyers les plus modestes, puis étendue aux 20 % les plus aisés d'ici 2023. Problème : cette baisse ne bénéficie pas aux 15,5 % des foyers les plus pauvres, puisque ceux-ci en étaient déjà exonérés. La mesure permet notamment au gouvernement d'éviter une révision nécessaire, mais sensible des bases de cet impôt tout en accroissant sa mainmise sur les finances locales.

Quant à la baisse de l'impôt sur le revenu, décidée dans l'urgence pour tenter de répondre au mouvement des Gilets jaunes, elle n'aura rien rapporté à la grosse moitié des foyers fiscaux dont le revenu est trop peu élevé pour être imposable. Son coût – 5,4 milliards d'euros, répartis entre 17 millions de foyers fiscaux – est similaire à celui de la suppression de l'ISF et l'instauration du PFU, qui ont bénéficié à quelques centaines de milliers de personnes riches. Le taux de la contribution sociale généralisée (CSG) en revanche a été revalorisé de 1,7 point en 2018, en substitution à la baisse de certaines cotisations sociales salariales (maladie et chômage). Pour les actifs, le gain n'est que de 1,8 %. Pour 60 % des retraité·es, c'est une baisse du revenu disponible.

Enfin, si la hausse de la composante carbone de la taxe intérieure de consommation des produits énergétiques (TICPE) a été annulée dans la loi de finances pour 2019, les consommateur·ices l'ont supportée en 2018 pour 3,7 milliards d'euros. Comme la TVA, la TICPE pèse plus lourdement sur les ménages modestes que sur les riches, avec au surplus une forte pénalisation suivant les conditions de vie (chauffage, éloignement du travail et des transports en commun), même si fin 2021, le gouvernement a voulu limiter l'impact de la hausse des prix avec une indemnité inflation. Cette dernière ne répond pas aux enjeux et prend surtout les allures de geste électoral.

Pris dans son ensemble, le bilan fiscal d'Emmanuel Macron se résume en peu de mots : déséquilibré et injuste.

CumEx Files : Quatre grandes banques françaises
et un casse fiscal à 33 milliards d'euros
avec la complaisance du gouvernement

12

ÉVASION FISCALE
Des scandales et puis rien

> «L'accord fiscal trouvé à l'OCDE est historique. Toute entreprise multinationale devra payer au minimum 15 % d'impôt. C'est une avancée majeure pour la justice fiscale.»
>
> Emmanuel Macron, octobre 2021

TEMPS FORTS DU QUINQUENNAT MACRON

☛ Loi contre la fraude fiscale, octobre 2018 ;

☛ Suppression, de fait, de l'exit tax, janvier 2019 ;

☛ Création de la taxe GAFA, juillet 2019 ;

☛ Annonce d'une réforme internationale de l'imposition des multinationales, octobre 2021.

Clairement, la lutte contre l'évasion fiscale n'était pas une priorité d'Emmanuel Macron en 2017. Le candidat se contentait d'annoncer vouloir « alourdir les sanctions » contre les fraudeurs, sans plus de précisions. Le début du quinquennat a même été marqué par un recul dans la lutte contre l'évasion fiscale, avec l'annonce de la quasi-suppression de l'exit tax (un très fort allègement des modalités d'application la rend quasiment inopérante), qui imposait depuis 2012 les plus-values réalisées lors des transferts d'actifs à l'étranger et qui était l'une des rares dispositions destinées à lutter contre l'exode fiscal des contribuables français. Par cette suppression, Emmanuel Macron voulait envoyer un « signal positif » aux investisseurs financiers et renforcer l'attractivité de la France, affirmant que les détenteurs de capitaux doivent être libres de déplacer leur argent où et comme ils le souhaitent. Et cela, au détriment du plus grand nombre et en faveur d'une minorité, renforçant le caractère profondément injuste de sa politique fiscale.

Le choc des Paradise Papers

En novembre 2017, l'immense scandale des Paradise Papers a révélé le caractère systématique de l'évasion fiscale pratiquée par les entreprises multinationales et par les contribuables les plus riches. Face à l'indignation et à la pression citoyenne, la communication du gouvernement a évolué, Bruno Le Maire assurant que désormais la lutte contre l'évasion fiscale était une priorité du gouvernement. Le ministre de l'Économie a proposé une loi comportant quelques avancées, mais aussi de sérieuses limites. La question du «verrou de Bercy» a largement occupé les débats : il s'agissait de mettre fin au monopole du ministère des Finances sur les poursuites judiciaires en matière de fraude fiscale. Finalement, les député·es ont aménagé le dispositif sans le remettre complètement en cause.

La loi a également introduit un nouveau système de justice à deux vitesses, en étendant la Convention judiciaire d'intérêt public à la fraude fiscale. Elle permet aux entreprises poursuivies pour fraude fiscale de passer une convention transactionnelle validée par le juge et de payer une amende, sans que leur culpabilité ne soit reconnue. Enfin, la liste noire européenne des paradis fiscaux a été transposée en droit français. Or, cette liste de neuf territoires (en octobre 2021) ne comprend pas les principaux paradis fiscaux comme le Luxembourg, l'Irlande ou les îles Caïmans et contient des pays ne jouant aucun rôle majeur dans l'évasion fiscale, comme Vanuatu.

En avril 2020, en plein confinement et débat sur l'absence de conditions sociales, environnementales ou fiscales aux aides massives accordées aux entreprises, le ministre de l'Économie créait la surprise en déclarant qu'aucune aide liée au Covid ne serait accordée à des entreprises ayant des filiales dans les paradis fiscaux. Il s'agissait d'un effet d'annonce. Le dispositif est purement symbolique puisqu'il s'appuie sur une liste de paradis fiscaux quasiment vide.

Par ailleurs, comment peut-on prétendre lutter contre l'évasion fiscale et, en même temps, réduire le nombre d'agents effectuant le contrôle fiscal ? Selon Solidaires Finances Publiques, plus de 9 500 emplois ont été supprimés à la Direction générale des finances publiques durant le quinquennat, dont certains dans les services de contrôle. Le nombre de contrôles fiscaux a d'ailleurs fortement diminué ces dernières années et on a aussi assisté à un renversement de perspective du contrôle fiscal, désormais davantage considéré par les pouvoirs publics comme un audit, voire une prestation de service au contribuable ou à l'entreprise contrôlée (avec la loi « Pour un État au service d'une société de confiance ») plutôt que comme un contrôle dont l'objectif est d'identifier l'impôt éludé et de sanctionner la fraude.

Le serpent de mer de la taxation des multinationales

En 2019, l'annonce de l'instauration d'une taxe sur les géants du numérique avait donné lieu à de bien belles déclarations : selon le parti présidentiel, cette mesure devait amener les multinationales du numérique à payer des impôts «comme tout le monde». Mais à y regarder de plus près, cette «taxe GAFA» ne réglait en rien l'anomalie qu'elle prétendait combattre, son produit, estimé à 400 millions d'euros par an, étant largement symbolique.

Cette taxe va être abandonnée au profit d'une réforme internationale de la taxation des multinationales, instaurant un taux d'impôt minimal mondial sur les sociétés de 15 %. Cette réforme, présentée par nos gouvernements comme «historique», serait une grande victoire pour le gouvernement français alors qu'il défendait jusque-là un taux de 12,5 %, soit celui de l'Irlande. Une nouvelle fois, cet accord ne mettra pas fin au problème qu'il promet de résoudre, pour plusieurs raisons.

Tout d'abord, il entérine une taxation plus faible pour les multinationales que pour les TPE et PME, qui n'ont pas de filiales dans des paradis fiscaux, ce qui a conduit l'économiste Thomas Piketty à estimer qu'il s'agissait de «l'officialisation d'un véritable permis de frauder pour les acteurs les plus puissants». De plus, les recettes fiscales dégagées seront insuffisantes pour répondre aux défis sociaux, écologiques et économiques: avec un taux minimum de 15 %, les recettes supplémentaires pour l'Union européenne ne s'élèveront qu'à environ 50 milliards d'euros contre 170 milliards si un taux minimum de 25 % était appliqué, comme le réclament de nombreuses ONG ainsi que les économistes regroupés au sein de l'ICRICT[1].

1. L'ICRIT, ou Independent Commission for the Reform of International Corporate Taxation, est un groupe d'économistes réclamant des réformes sur la taxation des entreprises internationales.

Pire, ce taux plancher de 15 % risque fort de devenir un taux «plafond» en entraînant une course à la baisse des taux, les gouvernements des pays dont le taux nominal est plus élevé pouvant arguer qu'il faut s'aligner sur ce taux. Et il n'est même pas certain que les multinationales soient réellement taxées à 15 %, car il existe un risque de contournement de la réforme ainsi que des exemptions. Enfin, cet accord privilégie les marchés de consommation et les pays détenant les sièges des multinationales (en majorité les pays du Nord) au détriment des pays de production (en majorité les pays du Sud).

Pour toutes ces raisons, Attac et les organisations mobilisées contre l'évasion fiscale estiment qu'il serait préférable que les négociations fiscales se déroulent dans le cadre de l'ONU et défendent l'instauration d'une taxation unitaire des multinationales, qui consiste à considérer celles-ci comme une entité unique et à répartir leur bénéfice dans les pays où ces entreprises réalisent effectivement leur activité (en fonction des ventes et des quantités de travail et de capital utilisées dans chaque pays), afin de déterminer le montant d'impôt sur les sociétés à payer dans chaque pays.

Transparence fiscale, opacité de la France

Une dernière mesure montre à quel point le parti présidentiel est prêt à réécrire l'histoire afin d'embellir le bilan – indigent – du gouvernement Macron en matière de lutte contre l'évasion fiscale. La République en marche (LREM) vante le rôle joué par la France dans un accord conclu au niveau européen en faveur de la transparence fiscale des grandes multinationales. Pourtant, le gouvernement français a joué un double jeu, en se prononçant en faveur de cette directive tout en œuvrant pour la vider de sa substance. La directive adoptée a en effet été remaniée pour en affaiblir la portée, à partir de «lignes rouges» fixées par la France. Or, le média Contexte a révélé que la position française avait été préparée à partir d'un document… rédigé par le Medef ![1] Mettre fin à l'opacité fiscale des multinationales en s'appuyant sur les revendications du lobby des multinationales françaises, c'est le «en même temps» macronien.

Il existe bien un gouffre abyssal entre la communication de LREM et ce qu'observent les organisations qui se mobilisent pour la justice fiscale: le gouvernement a fait semblant de lutter contre l'évasion fiscale.

1. Contexte, «Transparence fiscale: Bercy (aidé par le Medef) affirme ses lignes rouges», 23 avril 2021.

FRANCHEMENT, C'EST NORMAL DE FAIRE PESER LA DETTE AVANT TOUT SUR LES PAUVRES...
C'EST JUSTE UNE QUESTION D'ÉQUITÉ !
...VU QU'ILS SONT BEAUCOUP PLUS NOMBREUX QUE LES MILLIARDAIRES !
Allan BARTE

13

DETTE
La brève parenthèse du « quoi qu'il en coûte »

> « Notre véritable enjeu en matière de finances publiques, vous l'avez rappelé, c'est de contenir, puis de réduire, notre endettement. »
>
> Emmanuel Macron, janvier 2018

TEMPS FORTS DU QUINQUENNAT MACRON

☛ Rapport de la Commission Arthuis préconisant une baisse du taux d'endettement public en 2030, mars 2021 ;

☛ Programme de stabilité budgétaire transmis à la Commission européenne prévoyant une baisse du taux d'endettement public dès 2025, premier semestre 2021.

À la fin de l'année 2020, la dette publique française s'élevait à 2650,1 milliards d'euros soit 115,7 % du produit intérieur brut (PIB). À titre de comparaison, celle-ci s'élevait à 2379,5 milliards d'euros soit 97,6 % du PIB en 2019 et à 21,2 % du PIB en 1978.

La dette publique d'un pays est un stock, conséquence de l'accumulation au cours du temps des déficits publics. Loin de s'expliquer par la mauvaise gestion de l'État, le niveau de la dette publique française est en grande partie le fruit des investissements publics, du choix de se financer sur les marchés financiers (à un taux d'intérêt déterminé par ces derniers…), de la succession de crises économiques nécessitant l'intervention de l'État ou encore de la baisse des recettes, en faveur des plus riches notamment. En 2014, le rapport du comité pour un audit citoyen de la dette publique (CAC) estimait déjà que « 59 % de la dette publique proviennent des cadeaux fiscaux et des taux d'intérêts excessifs ».

Les baisses d'impôts se sont poursuivies dans la période récente (voir le chapitre 11). Celles-ci n'ont pas eu d'effet avéré sur la relance de l'activité économique et ont généré un manque de ressources publiques, ce qui a contribué à nourrir la dette publique. Il en va ainsi de la transformation de l'impôt de solidarité sur la fortune en impôt sur la fortune immobilière (3,8 milliards d'euros de manque à gagner depuis 2018 soit 19 milliards d'euros sur le quinquennat), du prélèvement forfaitaire unique (pour un coût d'environ 1,5 milliard d'euros par an, soit 7,5 milliards d'euros sur le quinquennat), de la baisse du taux de l'impôt sur les sociétés (au moins 11 milliards d'euros en 2022), de la baisse des impôts locaux des entreprises (20 milliards sur 2021 et 2022)[1]. Si ces mesures n'avaient pas été mises en œuvre, l'État aurait récupéré 57,5 milliards d'euros sur le quinquennat… Et ce, sans compter le coût faramineux de l'évasion fiscale (l'évitement illégal de l'impôt étant évalué à 80 milliards d'euros par an) qui, si elle était plus ardemment combattue, serait moins élevé, ce qui dégagerait des recettes pour l'État…

L'impact du Covid

La crise sanitaire que traverse notre pays est révélatrice de cette augmentation mécanique du ratio d'endettement public sous l'effet d'une crise. En effet, entre 2019 et 2020,

1. Ces données sont toutes tirées du projet de loi de finances 2018 et du rapport de la Commission des finances du Sénat sur l'évaluation de la transformation de l'impôt sur la fortune (ISF) en impôt sur la fortune immobilière (IFI) et de la création du prélèvement forfaitaire unique (PFU), d'octobre 2019.

la dette publique (exprimée en pourcentage de PIB) a augmenté de 18,1 points. Cette évolution s'explique aisément par la hausse des dépenses pour faire face aux conséquences de la crise (+5,5 %), à la baisse des recettes liées à l'arrêt de l'activité économique (-5 %) et à la chute du PIB (-7,9 %). Ainsi, selon la Cour des comptes, les administrations publiques ont dépensé 96,4 milliards de plus en 2020, dont près de 83 milliards directement liés à la crise.

Face à cette augmentation jugée « inquiétante » de la dette publique, les discours culpabilisateurs des libéraux ont très vite refait surface, une fois le « quoi qu'il en coûte » passé. Les injonctions à revenir à une gestion saine des comptes publics, à rembourser la dette au plus vite ou à se serrer la ceinture à l'avenir ont fait la une des journaux. Emmanuel Macron a donc logiquement nommé une commission « d'experts », dirigée par Jean Arthuis, pour réfléchir à l'avenir des finances publiques. Sans surprise, leur rapport reprend tous les poncifs de la pensée libérale et propose doctement une maîtrise des dépenses publiques qui doivent devenir à l'horizon 2030, inférieures aux recettes. À noter tout de même, si le rapport s'attaque aux dépenses, il n'évoque que très sporadiquement la baisse des recettes publiques depuis les années 1980 et la politique fiscale d'Emmanuel Macron en faveur des plus riches.

Mais cela ne semblait pas suffisant pour le gouvernement Castex. À l'opposé de toute logique économique, selon laquelle l'État en faisant « rouler sa dette » ne la rembourse jamais réellement, Bruno Le Maire a œuvré pour un cantonnement de la dette Covid. Cela revient simplement à isoler le surplus de dette publique lié à la crise sanitaire et d'allouer des recettes particulières (nouvelles probablement) afin de parvenir à son remboursement. Ce surplus de dette, cyniquement appelé « dette sociale » s'élève à 136 milliards d'euros, qui vont être transférés à la Caisse d'amortissement de la dette sociale (CADES). L'objectif est d'amortir et rembourser cette dette à l'horizon 2033.

Sur le plan européen, et en particulier de la Banque centrale européenne (BCE), il convient de noter une évolution de la doctrine sur le lien entre politique monétaire (européenne et indépendante) et politique budgétaire (nationale). En effet, la BCE a continué pendant la crise sa politique de rachat massif de dette publique des pays de la zone euro permettant de ce fait le maintien des taux d'intérêt à des niveaux proches de zéro (voir négatifs). Dans un second temps, Emmanuel Macron et d'autres chefs d'État ont poussé les pays membres de l'Union européenne à accepter l'idée de l'émission d'une dette commune européenne (*eurobonds*) dans le but de financer en partie le plan de relance européen. Cependant, cela ne revient pas encore à une mutualisation des dettes comme certains pays le demandaient. En effet, on pourrait imaginer que la BCE transforme des dettes nationales en dette européenne pour soulager certains pays des taux d'intérêt qui pourraient s'élever à l'avenir.

Retour à l'austérité

Pour autant, il ne faudrait pas croire que la politique d'Emmanuel Macron et ses objectifs ont évolué à la suite de la crise sanitaire. Loin d'avoir tiré les vraies conséquences (en particulier sociales) de sa politique et de la crise, la fin de son mandat s'annonce comme un retour au monde d'avant, comme une reprise de la politique libérale menée depuis son élection. Avec un (faux) argument supplémentaire : la dette est un fardeau dangereux qu'il est nécessaire de réduire. Ce discours maintes fois répété de la gestion de l'État « en bon père de famille » est d'autant plus puissant que la dette publique est importante. Pour rappel, les projections du projet de loi de finances (PLF) de 2019 pour la période 2017-2022 prévoyaient une baisse des dépenses publiques de l'ordre de 3,2 points de PIB. En cinq ans, c'était donc une baisse de près de 70 milliards d'euros que prévoyait Emmanuel Macron selon les Économistes atterrés[1].

Parallèlement, les différentes réformes ont réduit les recettes publiques de plus de 50 milliards par an. Si les recettes continuent à diminuer, l'effort sur la réduction des dépenses publiques risque d'être insoutenable, en particulier pour le fonctionnement de nos services publics et notre modèle de société. Ainsi, le « quoi qu'il en coûte » n'était qu'une parenthèse interventionniste dans le logiciel libéral du gouvernement. Bien que le PLF 2022 soit encore

1. N. Coutinet, A. Eydoux, C. Ramaux et H. Sterdyniak, « Budget 2019 : l'impasse », note des économistes atterrés, octobre 2018.

prudent (élections obligent), les idées pour remettre l'économie « en marche » fusent : réforme des retraites, baisses d'impôts (pour les plus riches et les grandes entreprises), remboursement de la dette à marche forcée… Au reste, le programme de stabilité budgétaire présenté par le gouvernement à la Commission européenne prévoit une baisse du taux de l'endettement public dès 2025 là où la très libérale commission Arthuis n'envisageait cette baisse qu'à partir de 2030 dans son rapport de 2021…

Mais cette austérité serait dangereuse pour l'activité économique. Le cercle vicieux risquerait alors de s'enclencher. Face à la chute des recettes et à la diminution des dépenses publiques, l'économie ne peut que s'enfoncer. La dette publique continuerait alors à croître, nourrissant les discours alarmistes et les politiques libérales qui, loin de résoudre le problème, ne feraient que l'aggraver.

L'ÉTRANGE OBSTINATION À VOULOIR PRIVATISER "AÉROPORTS DE PARIS"

14

PRIVATISATIONS
La stratégie des « standards du marché »

« Le problème de l'État actionnaire aujourd'hui, c'est d'être surinvesti dans certains secteurs d'activité, et dans l'énergie en particulier. »

Emmanuel Macron, février 2016

TEMPS FORTS DU QUINQUENNAT MACRON

☛ Loi Pacte prévoyant la privatisation de la Française des jeux et, à terme, d'Aéroports de Paris et d'Engie, mai 2019 ;

☛ Réforme de la Caisse des dépôts et consignations, novembre 2019 ;

☛ Transformation de la SNCF en société anonyme, janvier 2020.

Ministre de l'Économie sous la présidence Hollande, Emmanuel Macron avait été l'artisan de la calamiteuse privatisation d'Alstom, avec la vente de sa branche énergie à General Electric. En avril 2019, devenu président, il a fait voter la loi Pacte (Plan d'action pour la croissance et la transformation des entreprises), pièce maîtresse de sa politique pro-business et pro-finance, dont l'objectif est de « replacer les entreprises au centre de la société ». Dans cette loi figurent la privatisation d'Engie, d'Aéroports de Paris (ADP) et de la Française des jeux (FDJ), et la réforme de la Caisse des dépôts et consignations (CDC).

La première privatisation a été celle de la FDJ en novembre 2019 avec une participation de l'État ramenée à 20 %. La privatisation d'Aéroports de Paris (ADP), qui gère les gros aéroports de France et dont l'État détient 50,6 % du capital, s'est heurtée à l'opposition des citoyen·nes et des élu·es. La lourde procédure du référendum d'initiative partagée n'a permis de ne recueillir que 1 million de voix disant « non » à cette privatisation, alors que 4,7 millions de voix étaient nécessaires pour la remettre en cause.

Quant à Engie, Macron était décidé à céder aux investisseurs privés la part du capital détenue par l'État, soit à 24 % de cette entreprise issue de la fusion de GDF et Suez en 2008 sous la présidence de Sarkozy. Ce dernier avait alors promis que cette entreprise stratégique du secteur de l'énergie resterait publique… La crise du coronavirus a finalement contraint le chef de l'État à renoncer à ses projets de privatiser ADP et Engie.

La Caisse des dépôts dans le viseur

En revanche, Emmanuel Macron a mis en œuvre sa réforme de la Caisse des dépôts et consignations, dont la loi Pacte banalise le statut et la gouvernance pour en faire une entreprise financière ordinaire, gérée selon « les standards du marché ». Par ailleurs, il a été décidé de créer un « pôle financier public », contrôlé par la CDC, avec un bilan de 1 000 milliards d'euros, en rapprochant celle-ci de la Poste et de CNP Assurances, premier assureur français. Peut-on qualifier ce groupe de « pôle financier public » comme le fait le gouvernement, alors que l'objectif revendiqué est de gérer ces acteurs financiers selon les « standards » de l'industrie financière en Europe et dans le monde ? Il s'agit là d'un processus de privatisation rampant et déguisé.

Cette réforme pourrait sceller le sort des missions publiques fondamentales de la CDC et de la Poste. Rappelons que la CDC gère plus de 300 milliards d'euros issus de l'épargne populaire des ménages (Livret A, Livret d'épargne populaire, etc.) grâce à laquelle elle finance plus de 70 % de la construction et de la réhabilitation des logements sociaux, ainsi que la plupart des infrastructures et des équipements d'intérêt général. Au total, la CDC est le principal investisseur dans le domaine de la transition écologique et sociale. Les marchés financiers, qui obéissent à une logique court-termiste, sont incapables de financer de tels investissements de long terme. Il y a de quoi être inquiet de la transformation de la CDC et de la Poste en entreprises gérées selon les « standards » des marchés très éloignés de leurs objectifs initiaux de cohésion sociale, environnementale et territoriale.

SNCF et EDF transformées en sociétés anonymes

Le projet politique de Macron vise aussi à s'attaquer aux grandes entreprises publiques nationales, comme la SNCF et EDF qui, à l'image de beaucoup de services de réseaux, constituent des monopoles naturels : un opérateur privé ne construit pas de voie ferrée à côté d'une autre voie ferrée « publique ». De même pour les lignes électriques. Mieux vaut que la puissance publique construise et gère une seule voie ou une seule ligne électrique. C'est pourquoi pendant longtemps, quasiment partout en Europe, des opérateurs nationaux uniques géraient les entreprises de réseaux ferroviaire et électrique.

Mais dès le début des années 1990, les autorités européennes, championnes de la doxa néolibérale, avec la complicité des gouvernements, ont décidé d'ouvrir à la concurrence ces grandes entreprises dans l'espoir d'augmenter l'offre et de faire baisser les prix. Un espoir déçu…

Pour la SNCF, la première étape a consisté en 1997 à la scinder entre SNCF Réseau pour l'infrastructure et SNCF Voyageurs pour la circulation des trains. En 2018, Macron a imposé une seconde étape en la transformant en une société anonyme, ce qui ouvre la voie à sa future privatisation. Cette réforme a été guidée par la volonté de supprimer le statut de cheminot, de façon à transformer la SNCF en entreprise privée classique et de la débarrasser progressivement de ses obligations de service public.

EDF subit cette même logique néolibérale. Après avoir été séparée de GDF, EDF a été transformée en société anonyme en 2004. Puis, le gouvernement Macron a concocté le projet Hercule, qui prévoit l'éclatement de l'entreprise publique EDF en trois pôles : le pôle « Bleu » pour le nucléaire et le thermique (charbon, gaz), qui restera public à 100 % ; le pôle « Azur » pour l'hydraulique, avec la possibilité de privatiser des barrages ; et le pôle « Vert », regroupant le réseau de distribution et les énergies renouvelables, destiné à être ouvert aux capitaux privés. Sous la pression d'un grand nombre d'élus et des organisations syndicales, farouchement opposés à ce projet, le gouvernement a décidé de repousser sa mise en œuvre après 2022…

Quid de la transition écologique et sociale ?

La transition vers une économie de sobriété implique une étroite coordination de tous les acteurs. Seules les autorités publiques peuvent la réaliser. On ne peut pas avoir un réseau national d'électricité en plusieurs exemplaires : un seul opérateur public est nécessaire pour coordonner la production et la distribution d'énergie. Vouloir privatiser Engie et le secteur des énergies renouvelables d'EDF, c'est remettre en cause le service public de l'énergie, dont le rôle est stratégique pour la transition écologique. En outre, ceci ne pourrait que nourrir la hausse des tarifs de l'énergie, aggravant les injustices sociales.

Le financement de la transition, également, implique des investissements massifs à long terme que les acteurs financiers, à l'affût d'une rentabilité à court terme, ne peuvent pas réaliser. La création d'un « pôle financier public », géré selon les « standards de marché », est un non-sens économique, de même que la privatisation d'entreprises en situation dominante dans leur secteur d'activité, comme FDJ, ADP, EDF et la SNCF. Par ailleurs, privatiser la FDJ, qui devait rester sous tutelle publique pour des motifs de moralité et de santé publique, est une aberration. Enfin, les privatisations se traduisent inévitablement par un transfert de richesse des citoyen·nes vers les opérateurs privés et leurs actionnaires, souvent étrangers, ce qui affaiblit notre souveraineté dans des secteurs stratégiques.

L'idéologie des privatisations et du tout marché est strictement incompatible avec les exigences de la transition écologique et de la justice sociale. Le choix de confier ces activités stratégiques à des opérateurs privés illustre la collusion de la macronie avec les grandes entreprises privées et le monde de la finance, grands bénéficiaires des privatisations. Avec la crise sanitaire, Macron a toutefois dû différer la mise en œuvre de son programme. Mais nul doute que sa volonté de céder au marché partiellement, ou en totalité, les grands groupes que sont ADP, Engie et EDF s'il est réélu, persiste ! À moins qu'un mouvement social puissant se mobilise contre ces projets inutiles et dangereux.

DÉFORESTATION IMPORTÉE :
LA FRANCE, PAR SES IMPORTATIONS, PARTICIPE À LA DESTRUCTION DE L'AMAZONIE.

15

POLITIQUE COMMERCIALE
Fanfaronnades et frilosité

« Sur le Mercosur, j'ai stoppé net les négociations. »

Emmanuel Macron, juin 2019

TEMPS FORTS DU QUINQUENNAT MACRON

☛ Adoption provisoire et partielle du CETA à l'échelle européenne, sans blocage français, septembre 2017 ;

☛ Macron retire son soutien à l'accord UE-Mercosur à l'occasion du G7 à Biarritz, août 2019 ;

☛ Diffusion d'un « document de travail » du ministère du Commerce extérieur qui démontre que la France travaille toujours au sauvetage de l'accord commercial avec le Mercosur, janvier 2021.

Emmanuel Macron accède au pouvoir présidentiel alors que les traités de libre-échange et de libre-investissement signés par l'Union européenne (UE) sont questionnés par l'opinion publique, alertée par l'action des ONG. Le dossier le plus brûlant dont il hérite est le traité avec le Canada, le CETA. Ce traité a été ratifié au niveau de l'UE, c'est-à-dire par le Conseil européen (à l'unanimité des 28 États membres), et par le Parlement européen (avec un rapport 60/40, la majorité des parlementaires français votant contre). Mais il doit également être ratifié par les parlements nationaux, car il comporte la création d'un tribunal arbitral (ICS) pour juger des griefs des investisseurs vis-à-vis des États.

CETA, des expert·es récalcitrants

Considérant l'importance des oppositions et l'intégration de Nicolas Hulot dans son gouvernement, le nouveau président fait le choix de la contorsion. Il convoque une commission d'expert·es dont il espère que le rapport sera globalement favorable au traité, cette commission n'étant mandatée que sur l'aspect climatique et environnemental des conséquences possibles du texte. Manque de chance pour Emmanuel Macron, la commission Schubert rend un avis très critique : les dispositions liées à l'environnement ne sont pas contraignantes, les nécessaires politiques climatiques à mettre en place pourront être entravées par le texte du traité, il n'y a aucune référence au principe de précaution.

La commission Schubert estime aussi que certaines instances mises en place par le CETA ne sont pas « sans incertitudes et risques » et rendent le traité « vivant » (c'est-à-dire évolutif par la seule action, en réalité opaque, de ces instances). Sont notamment mis en question le « Forum de coopération réglementaire » (une sorte de commission normative transatlantique) et le tribunal arbitral. Pour pallier la difficulté créée, Emmanuel Macron se lance alors dans une grande opération de communication. Le gouvernement va mettre sur pied un plan d'application et de suivi du CETA (toutes les dispositions de compétence exclusive européenne ayant été mises en application dès la ratification européenne). Ce plan et l'usage qui en a été fait par la suite sont un modèle d'enfumage : demande au Canada de signer un texte complémentaire sur le climat, mais dont le contenu serait contraire aux « intérêts offensifs » sur lequel il a précisément eu satisfaction lors de la négociation ; demande à l'UE de revoir la directive sur la qualité des carburants modifiée en 2014 sous la pression des lobbies liés à l'exploitation des sables bitumineux du Canada, et ce afin justement que le CETA soit signé ; proposition de la création d'un « veto climatique » parfaitement inapplicable ; propositions de contrôle aux frontières en contradiction avec le texte sur la facilitation des échanges signé dans le cadre de l'OMC, etc. Est-il alors utile de préciser que bien sûr, tout cela est concrètement parti se perdre dans les oubliettes européennes ? Le véritable objectif était simplement d'amener le Parlement à ratifier le CETA, en l'état. Objectif atteint pour ce qui concerne l'Assemblée nationale, mais remis à l'après-présidentielle pour le Sénat : ce dernier s'apprêtait très probablement à voter contre.

Mercosur, le double discours

Le cas du projet de traité avec le Mercosur (*Mercado Común del Sur*, qui inclut actuellement le Brésil, l'Argentine, l'Uruguay et le Paraguay) est, quant à lui, très illustratif de la façon dont Emmanuel Macron a procédé en amont, quand un traité n'en est encore qu'au stade de la négociation menée par l'UE : rassurant et bonimenteur quand il se tourne vers la France, tenant zélé du libre-échange, à tout le moins peu combatif, quand il est à Bruxelles.

Ce projet de traité a fait l'objet d'un accord entre les négociateurs (Commission et gouvernements sud-américains) qui, s'il satisfait pleinement les entreprises transnationales, pose pour les populations de nombreux et graves problèmes : déstabilisation des marchés agricoles ; favorisation de l'agriculture intensive basée sur la monoculture, les OGM et les pesticides ; risque de dégradation de l'alimentation ; développement des transports intercontinentaux ; incitation à l'extractivisme et à la déforestation. Tout cela aurait bien sûr des conséquences sur le climat et participerait à la dégradation de la biodiversité ainsi que des droits humains. C'est ainsi une perte globale d'emplois qui menace, l'installation de la primauté du droit commercial sur toute autre valeur, et l'encouragement à établir des traités du même type avec d'autres partenaires (à commencer par les États-Unis).

Face à cela, qu'a fait le chef de l'État ? Dans un premier temps, il a fanfaronné le 29 juin 2019 à la Convention citoyenne sur le climat expliquant qu'il avait « stoppé net les négociations ». Cette vérité à peine énoncée dans les jardins élyséens s'est pourtant révélée être une contre-vérité à Bruxelles. Le toilettage juridique du texte alors obtenu et la rédaction des parties manquantes et de parties additionnelles se sont imperturbablement poursuivies. Au-delà de la société civile, des oppositions fortes, de natures parlementaire et gouvernementale, sont apparues dans un certain nombre d'États membres (Autriche, Belgique, Pays-Bas, Irlande, et même Allemagne). Aussi aurait-on pu espérer que la France travaille à constituer une minorité de blocage au Conseil assurant ainsi le rejet du traité, ne serait-ce qu'« en l'état ». Un tel objectif était parfaitement atteignable puisque dans le cadre de la règle de la majorité qualifiée, laquelle prévaut en ce qui concerne la politique commerciale de l'UE, l'opposition de quatre États membres suffit. En réalité, Emmanuel Macron, et à sa suite, la diplomatie française, n'ont cessé de se rallier en coulisses bruxelloises aux mesures dilatoires de la Commission permettant de « ne pas mettre dix ans de négociations à la poubelle ». La France s'est notamment associée au travail autour d'une « déclaration des parties annexée à l'accord » qui, au-delà de ses vertus communicationnelles, ne saurait changer la portée générale du traité, et lutte de fait pour sa préservation.

D'autres traités en vue : Australie, Mexique, Tunisie…

La suite du bilan d'Emmanuel Macron en tant qu'agent du libre-échange est parfaitement conforme à cette matrice « CETA-Mercosur ». Il a donné son accord à la reprise des négociations avec les États-Unis, sur le contenu du projet de traité avec le Mexique, sur la teneur du projet d'Accord de libre-échange complet et approfondi (ALECA) avec la Tunisie et n'a formulé aucune critique sérieuse sur les négociations avec l'Australie et la Nouvelle-Zélande. Il a également permis la ratification des traités hérités du quinquennat précédent avec le Japon (ayant des implications importantes sur la propriété intellectuelle), Singapour (avec des implications sur les services financiers) et le Vietnam.

Et quand il s'agit de sortir d'un traité existant, la renégociation de l'important Traité sur la Charte de l'Énergie (TCE) est très éclairante. Ce traité qui libéralise le commerce de l'énergie (pétrole, gaz, bois, etc.), porte notamment un tribunal arbitral « investisseur contre État » qui, du fait des lourdes amendes qu'il peut infliger aux États, est très « performant », aussi bien en termes de répression des politiques publiques que de prévention de celles-ci. Le TCE a ainsi laminé le projet de la loi Hulot sur les carburants. Il fait actuellement l'objet d'une renégociation qui, considérant la position de certains États signataires, n'a aucune chance de voir sa logique être remise en cause. Après avoir tergiversé, Emmanuel Macron s'en est remis à l'UE qui, selon lui, devrait ou en obtenir une rénovation compatible avec l'Accord de Paris ou en sortir, ce qui est très peu probable. Il existe pourtant une solution bien plus simple : en sortir unilatéralement. C'est ce qu'a fait l'Italie en 2016.

Quelles que soient les situations, le gouvernement d'Emmanuel Macron a ainsi toujours eu une constance : l'application, aussi zélée que les rapports de force le permettent, de la politique commerciale de l'UE dont la logique est celle d'un maillage de traités de libre-échange. Un choix borné, irresponsable, face aux enjeux sociaux et écologiques de notre époque.

LA MAJORITÉ REPOUSSE L'INTERDICTION DE FABRIQUER ET D'EXPORTER DES PESTICIDES INTERDITS EN EUROPE.

16

AGRICULTURE
Le productivisme contre les paysans

> « Est-ce que vous pensez que nous pouvons raisonnablement continuer à [...] exporter les poulets que nous ne pouvons pas ni ne voulons faire consommer à notre propre population, quand nous ne savons pas produire au goût de celle-ci ? »
>
> Emmanuel Macron, octobre 2017

TEMPS FORTS DU QUINQUENNAT MACRON

☛ États généraux de l'alimentation, juillet-décembre 2017 ;

☛ Renouvellement de l'agrément du glyphosate dans l'Union européenne pour cinq ans, novembre 2017 ;

☛ Réforme de la politique agricole commune, à partir de 2019 ;

☛ Réautorisation des néonicotinoïdes, insecticides « tueurs d'abeilles », février 2021.

Convention citoyenne pour le climat, Assises nationales de l'eau, Grand débat national et nous en passons… Les États généraux de l'alimentation (EGA) ont ouvert le bal des grandes consultations censées permettre la rénovation de la démocratie et l'évolution du cadre politique dans lequel nous vivons. Las, tel le joueur de flûte de Hamelin rassemblant rats, enfants, les ensorcelant et les faisant disparaître, le président Macron nous rassemble, nous charme avec ses discours avant de faire disparaître ses promesses et nos espoirs de plus de justice sociale et écologique.

Les EGA avaient deux objectifs : une meilleure rémunération des agriculteur·rices en augmentant la valeur ajoutée et en améliorant sa répartition dans les filières agricoles et alimentaires, et l'accès de tous les habitant·es de ce pays à une nourriture saine, sûre et durable.

À la suite des États généraux, une première loi, EGALIM 1, a été promulguée en 2018. Non contraignante et renvoyant la responsabilité de la rémunération des agriculteur·rices aux interprofessions, elle n'a pas atteint ses objectifs de revalorisation des revenus agricoles ni d'amélioration de la qualité des aliments ou de leur accessibilité. L'utilisation des pesticides a continué à augmenter et la crise sanitaire a vu exploser le recours à l'aide alimentaire. Pour pallier ce manque d'efficacité, une seconde loi, EGALIM 2, a été votée le 14 octobre 2021. Mais celle-ci n'oblige toujours pas à intégrer les coûts de production dans la définition des prix, la responsabilité de l'amélioration des revenus agricoles est confiée aux consommateur·rices.

Ces exercices de démocratie consomment beaucoup de temps et d'énergie militante pour de maigres résultats, la rupture avec le modèle agricole dominant n'étant jamais envisagée comme réponse aux problèmes identifiés et les politiques publiques étant dissoutes dans les responsabilités individuelles.

L'impossible réforme de la PAC

Autre exercice politique : la définition d'un Projet stratégique national (PSN), qui est la déclinaison française de la Politique agricole commune (PAC) de l'Union européenne pour la période 2023-2027.

La PAC est une politique majeure et structurante pour l'agriculture française. Depuis plusieurs décennies, elle encourage l'agrandissement des fermes et la concentration des moyens de production, avec pour résultat, la diminution inéluctable du nombre de paysan·nes. Le nouveau PSN aurait donc pu être un levier permettant à l'agriculture de relever les défis de la transition agroécologique et de la souveraineté alimentaire. Mais, pour la FNSEA (syndicat majoritaire du monde agricole), l'enjeu était clairement de conserver les équilibres de répartition des aides. Lors de la présentation de la version finale du PSN, Julien Denormandie, le ministre de l'Agriculture, a eu la fierté d'annoncer faire le choix de « la stabilité ». Il assumait donc de figer les inégalités et se satisfaisait que 55 % des aides soient allouées à seulement 20 % des agriculteurs... tout en prétendant défendre la souveraineté alimentaire et la transition agroécologique !

Pour justifier ces choix, il dit s'appuyer sur la science en feignant d'ignorer les problèmes posés par la PAC actuelle. Pourtant, dans une tribune du journal *Le Monde* du 21 mai 2021, plus de 700 scientifiques jugeaient au contraire que « les petits pas de la politique agricole commune ne [suffisaient] plus ».

Ce résultat a un goût très amer tant le processus de discussion n'a pas permis de réelles négociations ni d'inclure des propositions de la société civile, consultée par la Commission nationale du débat public.

Foi dans les innovations techniques

Le président Macron a rappelé l'importance à ses yeux de la science et de la technique lors de sa présentation du plan France 2030, le 12 octobre 2021. Pour l'agriculture, ce plan se résume à « numérique, robotique, génétique », présentés comme les piliers de la troisième révolution agricole. Une révolution qui ne marquera donc aucune rupture avec les désastres écologiques et sociaux en cours.

Pourfendeur de «l'obscurantisme paysan», Julien Denormandie refuse obstinément d'appliquer les injonctions du Conseil d'État du 7 février 2020 à suspendre les cultures illégales d'OGM non déclarées, notamment celles de colza tolérant les herbicides, au motif que des plantes dont le génome a été modifié en laboratoire par d'autres techniques que la transgenèse ne seraient pas des organismes génétiquement modifiés... Cela permet à la FNSEA, à l'industrie des semences biotechnologiques et au ministère de l'Agriculture de gagner du temps pendant qu'ils œuvrent par ailleurs à convaincre le législateur de modifier la loi au nom de laquelle ils ont été condamnés...

Les OGM n'ont pas pour objectif de réduire la faim dans le monde. Comme d'autres facteurs de productivité, il s'agit d'assujettir la paysannerie à l'amont et à l'aval de l'agriculture, au même titre que les engrais, les produits phytosanitaires, l'hyper-mécanisation, la numérisation et la robotisation. Leur utilisation génère des profits dont le monde agricole ne bénéficie pas et lui fait perdre en autonomie, élément pourtant majeur de réussite des transitions agroécologiques. Et le gouvernement veille à protéger les véritables bénéficiaires de ces techniques; la réintroduction des néonicotinoïdes sur les betteraves ou le sursis pour l'utilisation du glyphosate sont aussi là pour le rappeler.

Protéger les terres

Le président Macron avait promis l'élaboration d'une loi foncière pour protéger les terres agricoles de l'artificialisation et les répartir de façon juste. Si, sous la pression citoyenne, quelques « grands projets inutiles » ont été abandonnés (aéroport de Notre-Dame-des-Landes en 2018, EuropaCity en 2019), un calendrier législatif trop chargé a repoussé aux calendes grecques un véritable cadrage législatif... Consultés sur l'opportunité d'une telle loi, les syndicats agricoles ont porté, de façon unanime pour une fois, l'urgence de contrôler les ventes de parts sociales qui soustraient une grande part des transferts de terres au contrôle de la profession et entraînent un accaparement du foncier agricole. Le député LREM Jean-Bernard Sempastous a proposé une loi pour lutter contre les sociétés contournant les outils de régulation, mais de nombreuses exemptions réduisent considérablement la portée du nouveau dispositif : seuil de déclenchement du contrôle très élevé, absence de contrôle sur les opérations familiales, possibilité de négocier des « compensations » pour obtenir une autorisation alors même que l'opération conduit à un accaparement de terres... C'est en réalité un système à deux vitesses qui est mis en place, bien plus favorable aux sociétés qui pourront continuer à accaparer des terres tout en respectant la loi !

Enfin, des décisions gouvernementales vont à l'encontre des attentes sociétales concernant le bien-être animal, la qualité des produits et le maintien de paysan·nes, nombreux sur des territoires vivants. Pour preuve, deux arrêtés sur la grippe aviaire, publiés par le ministère de l'Agriculture et de l'Alimentation le 29 septembre 2021, signent la fin programmée de l'élevage de volailles plein air en France. Ils autorisent les gros producteurs à mettre sur le marché des produits étiquetés « élevés en plein air » alors que les animaux auront été enfermés une majeure partie de l'année et ne disposeront que d'un demi-mètre carré par volaille. Et, *a contrario,* ils soumettent les véritables éleveurs et éleveuses plein air à des contraintes sanitaires aussi inefficaces que difficiles à respecter. Toutes ces dispositions vont à l'encontre du bien-être animal et de la santé en élevage.

Loi climat :
Provocation ou Inconscience ?

17

CLIMAT
Une croissance « bas carbone », ça n'existe pas

« Personne n'a autant fait que nous depuis trois ans. »

Emmanuel Macron, décembre 2020

TEMPS FORTS DU QUINQUENNAT MACRON

☛ Interdiction de nouvelles attributions de permis d'exploration d'hydrocarbures et prolongation jusqu'en 2040 des concessions déjà accordées, décembre 2017 ;

☛ Convention citoyenne pour le climat, octobre 2019-juin 2020 ;

☛ Condamnation de l'État par le tribunal administratif pour inaction climatique, février 2021 ;

☛ Vote de la loi Climat et résilience, qui reprend seulement 13 propositions sur 149 de la Convention, août 2021.

Lors de sa campagne de 2017, Emmanuel Macron avait fait un certain nombre de promesses à propos du climat et de l'environnement : sortie des énergies fossiles et fermeture de toutes les centrales à charbon françaises d'ici 2022, doublement de la capacité en éolien et solaire photovoltaïque, objectif de 32 % d'énergies renouvelables d'ici à 2030, réduction de la part du nucléaire à 50 % de la production d'énergie à l'horizon 2025, interdiction du glyphosate « au plus tard dans trois ans »... Il souhaitait alors insuffler un tournant vert au capitalisme français, d'autant plus facile à valoriser sur la scène internationale face aux climatosceptiques Trump et Bolsonaro.

Dans les faits, rares sont les engagements à avoir été tenus. L'écologie macroniste s'est principalement traduite, dès 2018, par une hausse de la taxe carbone, sans prendre en compte les effets sur les populations les plus précaires. Symbole d'une écologie antisociale, cette taxe a été retirée face à la révolte des Gilets jaunes. La fin du quinquennat a été marquée par la loi Climat et résilience, dont le peu d'ambition est révélateur de l'inaction climatique des gouvernements successifs sous Emmanuel Macron, l'apathie française au cours de la COP 26 et son alignement sur la position pro-gaz des pays est-européens, et enfin la relance du programme nucléaire français à travers le plan « France 2030 ».

Une Convention citoyenne pour le climat « avec filtre »

Si le gouvernement a pu « bénéficier » du confinement pour afficher un respect de ses engagements de baisse des émissions de gaz à effet de serre en 2020 (objectifs qui avaient été revus à la baisse par rapport au début du quinquennat), cette baisse n'était que de 2 % environ entre 2018 et 2019 alors que le Haut Conseil pour le Climat recommande d'atteindre au moins 3 % de réduction par an à partir de 2021, puis 3,3 % à partir de 2024. La hausse des émissions du secteur des transports, elle, se poursuit et les quelques efforts de l'agriculture et de l'industrie ne sont pas significatifs. Quant aux objectifs de développement des énergies renouvelables, la France est l'un des pays les moins volontaristes d'Europe.

Le désaveu infligé à la Convention citoyenne pour le climat (CCC) illustre le refus d'Emmanuel Macron de mener une politique climatique efficace et de respecter les exigences citoyennes. Alors que les propositions de la CCC devaient être étudiées et reprises « sans filtre », le président s'est arrogé le droit d'arbitrer sur ce qu'il était légitime d'adopter ou pas, notamment en se réfugiant derrière des «jokers», en réalité des vétos, sur des points essentiels. Or, il suffit qu'un lobby patronal ou industriel fronce les sourcils pour que le gouvernement lui donne raison.

Très rapidement après la fin des travaux de la CCC, le gouvernement s'est empressé d'en vider le contenu : lancement des enchères d'attribution des premières fréquences 5G après qu'Emmanuel Macron eut moqué les opposants à cette technologie censés préférer «le modèle Amish» et le «retour à la lampe à huile»; pas d'interdiction de la publicité sur les produits les plus émetteurs de CO2; pas d'interdiction des projets aéroportuaires; pas d'éco-conditionnalités «climat» pour les entreprises qui reçoivent des aides publiques; pas de pénalisation des véhicules lourds via un malus «poids» ni de baisse de la TVA sur les billets de transport collectif; pas de moratoire sur les entrepôts de e-commerce... Quant aux autres propositions, la moulinette réglementaire ou législative empêche d'envisager un plan d'ensemble, disposé à réduire massivement les émissions de gaz à effet de serre. Même la proposition, relativement symbolique, d'inscrire dans l'article 1er de la Constitution que la France «garantit la préservation de l'environnement et de la diversité biologique et lutte contre le dérèglement climatique» a été refusée sous la pression des sénateurs de droite. Fin 2021, sur les 149 propositions originales de la CCC, seules 13 ont été appliquées, et 25 autres seulement partiellement.

Make profits great again

Les reculs face aux propositions de la CCC doivent être mis en regard du respect des accords de libre-échange et des mesures des plans de relance post-confinement. Le CETA (entre l'Union européenne et le Canada) vise à réduire les droits de douane et à ajuster les normes entre les pays, en vue de créer une zone de libre-échange transatlantique (voir chapitre 15). Il encourage les flux commerciaux dans de nombreux domaines, augmentant nécessairement le transport de marchandises, notamment de sables bitumineux ou de produits agricoles ne respectant pas certaines normes écologiques, et faisant grimper par conséquent les émissions de gaz à effet de serre. C'est aussi un traité qui augmente le pouvoir des multinationales, tout comme le Traité sur la Charte de l'énergie (TCE) qui protège ceux qui investissent dans les énergies fossiles et dissuade ou sanctionne les pouvoirs publics qui s'attaquent à eux.

Pour sa part, le plan de relance adopté en 2020 ne comprend aucune contrepartie écologique sérieuse à l'ensemble des aides pour les entreprises polluantes : aucune aide n'est conditionnée à une transformation écologique des entreprises, de leurs filières d'approvisionnement et de leur processus de production. Il s'agit plutôt de consolider certains secteurs économiques, comme les technologies numériques (11 milliards d'euros prévus pour le quatrième programme d'investissements d'avenir) sans aucune évaluation des impacts écologiques. Tout un symbole, ce plan de relance a donné plus aux secteurs aéronautiques et automobiles (2,6 milliards d'euros) que pour la transition agricole et alimentaire (1,2 milliard d'euros), et les investissements pour la rénovation énergétique – qui devrait être un chantier prioritaire – demeurent insuffisants, juste au niveau des investissements publics de 2018.

Innover, nucléariser, start-upiser

Quant à l'avenir, c'est le monde d'avant, en pire. Le plan « France 2030 » annoncé en octobre 2021 illustre où se situent les priorités du chef de l'État : « moins dépenser dans les dépenses curatives comme l'assurance chômage » et « investir dans les innovations industrielles ».

Le mot-clé de ce plan est « innovation », qui doit permettre de poursuivre la chimère d'une croissance économique compatible avec la défense du climat : devenir « leader de l'hydrogène », inventer des avions « bas carbone », numériser et robotiser l'agriculture, explorer l'espace et les fonds marins afin de rivaliser avec ses concurrents en valorisant « les ressources des grands fonds marins en lien avec le potentiel industriel français ».

En matière énergétique, le refus de mener une politique de sobriété conduit le gouvernement à une fuite en avant pour augmenter l'offre via l'accroissement du nucléaire avec de nouveaux réacteurs EPR (dont le premier exemplaire a pris dix ans de retard et a coûté 19 milliards d'euros, 5 fois plus que la somme initialement prévue) et des petits réacteurs modulaires, là encore des innovations censées résoudre les dérèglements climatiques.

Climat

L'inaction climatique est un crime aujourd'hui mis en évidence devant les tribunaux : l'État français sous la présidence d'Emmanuel Macron a été condamné pour ce motif suite à l'attaque en justice de l'Affaire du Siècle. Le bilan de cinq années de macronisme ajoute une pièce supplémentaire au dossier des criminels du climat. Il est aussi la preuve que les velléités de modernisation du capitalisme n'offrent aucune perspective de bifurcation vers la sobriété énergétique et la justice climatique. Mais ce quinquennat a connu une amplification des mobilisations écologistes, de nouvelles alliances, entre fin du monde et fin du mois, et d'importantes victoires, notamment les abandons des projets d'aéroport de Notre-Dame-des-Landes, du centre commercial d'Europa City à Gonesse ou encore du nouveau terminal de l'aéroport Roissy–Charles de Gaulle.

BIEN ENTENDU QUE LA FRANCE DEVRA LAISSER L'AFRIQUE SE GÉRER SEULE...
...AUSSITÔT QUE VOUS ARRÊTEREZ DE FAIRE DES ENFANTS !
Allan BARTE

18

NÉOCOLONIALISME
L'increvable paternalisme français

> «Quand des pays ont encore sept à huit enfants par femme, vous pouvez décider de dépenser des milliards d'euros, vous ne stabiliserez rien.»
>
> Emmanuel Macron, juillet 2017

TEMPS FORTS DU QUINQUENNAT MACRON

☛ Conférence Cèdre, octroyant des prêts au Liban conditionnés à une feuille de route, des réformes dans les secteurs-clés et les administrations publiques, avril 2018 ;

☛ Vente d'armes et de matériel de guerre à l'Arabie Saoudite, pays engagé dans la guerre au Yémen, mai 2019 ;

☛ Réforme du franc CFA, printemps 2020 ;

☛ Sommet Afrique-France organisé à Montpellier, sans les chefs d'État africains, octobre 2021.

Alors qu'il n'était encore que candidat à l'élection présidentielle, Emmanuel Macron s'illustre par une déclaration sur la colonisation en février 2017 : « C'est un crime contre l'humanité [...] ça fait partie de ce passé que nous devons regarder en face en présentant aussi nos excuses ». Le temps de la sortie du déni historique était-il enfin arrivé ? Celui d'une relation égalitaire entre la France et ses anciennes colonies était-il enfin à l'ordre du jour ? À voir le résultat cinq ans plus tard, rien n'est moins sûr.

Abandonner le franc CFA ?

Au moment où Emmanuel Macron accède aux plus hautes fonctions, plusieurs pays d'Afrique de l'Ouest sont le théâtre de mouvements sociaux contestant le franc CFA, de plus en plus perçu par les opinions publiques comme étant une monnaie coloniale. Rappelons que la valeur de cette monnaie établie durant la colonisation est fixée par le Trésor Public français. Prenant la mesure de cette contestation grandissante, le nouveau président se présente comme celui du changement radical. Il déclare le 21 décembre 2019 à Abidjan: «Le Franc CFA cristallise de nombreuses critiques et de nombreux débats sur la France en Afrique. J'ai entendu les critiques, je vois votre jeunesse qui nous reproche de continuer une relation qu'elle juge postcoloniale. Donc rompons les amarres». Dans la foulée, il propose la constitution d'une nouvelle monnaie, l'Eco.

Loin d'être une «rupture d'amarres» la nouvelle monnaie proposée ne constitue qu'un changement cosmétique et symbolique. Certes, le nom de la monnaie change et avec lui la référence à la colonisation. Il est vrai également que les propositions françaises prévoient le retrait des administrateurs français de la Banque centrale des États d'Afrique de l'Ouest (BCEAO). Cependant, le cœur de la dépendance monétaire, à savoir la parité fixe avec l'euro, reste inchangé. Cette parité fixe transforme l'Eco en monnaie forte pour des pays dont l'économie est faible et centrée sur un ou deux secteurs d'exportation. Concrètement, une monnaie forte rend pour les pays africains les importations peu chères, ce qui oriente ceux-ci à ne pas développer les industries susceptibles de se substituer à ces importations. En revanche une parité fixe avec l'euro sécurise les investissements étrangers des entreprises françaises et européennes et surtout garantit le rapatriement avantageux des bénéfices.

Pour le reste des relations économiques, aucun changement ne s'est déployé. Les accords de partenariat économique (APE) continuent d'imposer la réduction de 80 %

des droits de douane sur les importations en provenance de l'Union européenne. Plus grave encore, la logique mettant en concurrence le petit producteur de riz local et les multinationales agroalimentaires européennes est élargie avec les « accords de Samoa » aux services, aux marchés publics, aux investissements, etc. La Françafrique économique est relookée et renommée, mais reste structurellement inchangée et est même renforcée.

Paternalisme et culturalisme

Dans le domaine politique, le gouvernement Macron se caractérise par des sorties médiatiques présidentielles aux tonalités paternalistes, arrogantes et donneuses de leçons. En août 2020, alors qu'il rend visite à un Liban endeuillé par l'explosion du port de Beyrouth, le président français s'autorise à exiger « des réformes indispensables » dans « certains secteurs » comme « l'énergie, les marchés publics, la lutte contre la corruption ». Ingérant ainsi ouvertement dans les affaires intérieures d'un État souverain, il précise : « Je vais parler à toutes les forces politiques pour leur demander un nouveau pacte ». La logique sous-jacente à ces propos est celle d'une relation de protectorat colonial et non celle des rapports entre deux nations souveraines.

Avec le Mali, le ton du chef de l'État est encore plus agressif et l'ingérence encore moins réfrénée. Réagissant aux propos du Premier ministre malien, Choguel Maïga, à la tribune de l'ONU en septembre dernier reprochant à Paris d'avoir réorganisé l'opération militaire française

Barkhane sans l'avoir ni consulté ni associé, le président français déclare: «Je rappelle que le Premier ministre malien est l'enfant de deux coups d'État. Donc la légitimité du gouvernement actuel est démocratiquement nul». C'est donc à Paris et non à Bamako, par l'État français et non par le peuple malien, que s'évalue, selon lui, la légitimité du pouvoir politique du Mali. La même logique prévaut dans ses dernières déclarations sur l'Algérie. Évoquant la question de la mémoire de la guerre d'Algérie, il diagnostique l'existence en Algérie d'une «haine contre la France», produit de la «rente mémorielle» manipulée par un système politico-militaire. Comme pour le Mali, Emmanuel Macron s'institue en juge de la légitimité d'un État souverain.

Ces quelques déclarations ne sont pas des dérapages conjoncturels. Ils reflètent un paradigme de lecture des réalités africaines qui était dominant à l'époque coloniale: le culturalisme. Cela consiste à expliquer par la «culture» des réalités qui sont le résultat des facteurs économiques et sociaux. L'intérêt d'un tel paradigme est, bien entendu, qu'il élimine de l'analyse les relations économiques structurellement inégalitaires qu'imposent les grandes puissances industrielles en général et l'État français en particulier. À deux reprises, le chef de l'État a évoqué la démographie africaine comme cause des difficultés économiques et sociales des pays africains. Qu'importe que les démographes aient déjà démontré depuis longtemps que le taux de natalité était dépendant des conditions matérielles d'existence et non l'inverse. Pour le président français, la réalité africaine n'a d'autre cause que des cultures et comportements africains entravant le développement économique. De quoi justifier le maintien des relations économiques néocoloniales.

Il ne faut dès lors pas s'étonner de la référence invoquée par le président pour expliquer la pseudo «ruée migratoire» de l'Afrique vers l'Europe. Il cite en effet à cette occasion le journaliste Stephen Smith qui aurait «formidablement bien décrit» la question. Un ouvrage qui a largement contribué à la banalisation des idées d'extrême droite et dont le seul titre de l'ouvrage indique son contenu *La Ruée vers l'Europe. La jeune Afrique en route pour le vieux continent.* «Ruée», « invasion», « grand remplacement» : c'est peu de dire que, depuis sa publication, la dérive sémantique n'a fait que s'accélérer…

Le maintien et le renforcement des relations économiques inégalitaires, la pratique de l'ingérence politique ouverte et paternaliste et le paradigme culturaliste comme grille de lecture des réalités africaines: tels sont les trois traits marquants du bilan du quinquennat. Sans oublier, bien sûr, le renforcement de la présence militaire française en Afrique, qui, comme chaque fois, accompagne cette politique de domination.

Le débat sur l'immigration, voulu par Macron, démarre à l'Assemblée nationale

19

IMMIGRATION
Des droits en chute libre

« Reconduire beaucoup plus efficacement les personnes qui n'ont pas vocation à rester sur le territoire [s'appuie] sur plusieurs piliers : notre politique africaine, notre politique de développement, notre lutte contre les trafics, notre politique européenne, notre politique française [intérieure] avec tous ses aspects. »

Emmanuel Macron, septembre 2019

TEMPS FORTS DU QUINQUENNAT MACRON

☛ Loi « asile et immigration » qui allonge la durée maximale de rétention à 90 jours, septembre 2018 ;

☛ Engagement d'appliquer à 100 % des obligations de quitter le territoire français, octobre 2019 ;

☛ 20 mesures gouvernementales visant à restreindre les droits des étrangers, novembre 2019.

En mai 2017, Emmanuel Macron, alors candidat à l'élection présidentielle, souhaite ne pas inquiéter la population française au sujet de l'immigration décrite comme « une chance d'un point de vue économique, culturel, social ». Fin 2021, entre mesures répressives et entretien à *Valeurs actuelles*, c'est un tout autre visage qui apparaît, celui de la continuité des politiques xénophobes et du non-respect du principe d'égalité des droits.

Asile et migration : une suite de réformes discriminatoires

Dès juillet 2017 est exposé un plan d'action gouvernementale intitulé « Garantir le droit d'asile, mieux maîtriser les flux migratoires ». Ce plan vise à répondre à une triple exigence : la dignité, pour que la France honore sa tradition d'accueil des réfugié·es ; l'efficacité, pour réduire les délais moyens d'instruction des demandes d'asile et obtenir l'éloignement effectif des débouté·es du droit d'asile ;

la solidarité et la responsabilité avec nos partenaires européens.

En septembre 2018 est adoptée la loi « Pour une immigration maîtrisée, un droit d'asile effectif et une intégration réussie » dite loi Collomb. Consacrant le partage discriminatoire entre migrant·es et réfugié·es qui préside au tri des personnes exilées dans les « *hotspots* » de Grèce ou d'Italie, cette loi marque une véritable chute de droits pour les personnes cherchant refuge en France. La durée de la rétention administrative est allongée jusqu'à 90 jours, y compris pour les familles accompagnées d'enfants mineurs. L'intervention du juge des libertés et de la détention est limitée à quatre jours suivant le placement en rétention. Les mesures de bannissement et de surveillance à l'encontre des personnes étrangères sont systématisées. À quoi s'ajoutent l'extension des possibilités d'interdiction du territoire français et la banalisation des audiences par visioconférence.

Externaliser les frontières

En avril 2019, Emmanuel Macron déclare que « nous devons refonder notre politique migratoire ». Le président plaide pour plus de coordination au sein de l'UE dans le cadre du « Pacte européen sur la migration et l'asile » alors en négociation. Il ajoute : « L'Europe souveraine forte est une Europe qui repense une ambition de coopération à l'égard de l'Afrique [...] pour éviter l'émigration subie, mais aussi une Europe qui tient ses frontières, qui les protège par un droit d'asile refondé et commun. C'est sur ces bases qu'on doit refonder Schengen pour bien accueillir ceux qui ont droit à l'asile, [mais] lutter plus efficacement contre ceux qui en abusent.».

L'objectif affiché reste donc de fermer les frontières communes de l'Europe en les externalisant dans les pays à l'origine des migrations, en échange d'investissements financiers et économiques qui seront favorables à l'UE: l'EurAfrique se pense sur le modèle de poursuite de la FrançAfrique, avec une «Agence de l'Union européenne pour l'asile», et un décuplement des fonds alloués à Frontex, l'agence européenne des garde-frontières, afin de favoriser les opérations d'expulsion.

En septembre de la même année, le Comité interministériel sur l'immigration et l'intégration discute de vingt mesures sur la politique migratoire avec l'objectif assumé de «reprendre le contrôle de notre politique migratoire». Parmi ces mesures, on compte l'instauration d'un délai de carence de trois mois pour l'accès des migrants à la protection universelle maladie (PUMA), ex-couverture maladie universelle (CMU), et un accord avec la Sécurité sociale, afin de réduire les «actes médicaux non urgents» pris en charge par l'aide médicale de l'État (AME), l'ouverture de trois nouveaux centres de rétention administrative (CRA) et un tour de vis à l'égard de l'immigration clandestine et «les fraudes au regroupement familial».

Toutes ces politiques pèsent lourdement sur le quotidien des migrant·es. Comme l'explique un rapport parlementaire en novembre 2021[1], leur vie est rendue d'autant plus difficile par la dématérialisation des démarches administratives, les entraves à l'accès aux soins, le recours trop limité à l'aide médicale d'État, les grossières insuffisances de logements, la complexité des lois en matière de droit au séjour… Ce qui fait dire au président de la commission d'enquête parlementaire que « les constats sur la situation des migrants sont inacceptables du point de vue de la dignité. Il y a des manquements à tous les étages, sur la santé, le logement, l'hébergement, l'éducation [...] La promesse républicaine n'est pas tenue […] Cela vient démonter cinq ans de discours de la majorité sur ces questions ».

Les résultats sont néanmoins à la hauteur des élans répressifs du gouvernement : en 2020, sur 96 424 demandes d'asile enregistrées, 24 181 ont été acceptées, soit seulement 25 % (contre 32 % en 2017). On dénombre aussi 64 familles et 122 enfants mineurs enfermés dans des centres de rétention administrative de métropole. S'y ajoutent 2 044 enfants mineurs enfermés à Mayotte… À sept reprises depuis 2012, la CEDH a condamné la France pour la détention de mineurs contraire à la Convention des droits de l'enfant. Avec 108 395 « obligations de quitter le territoire français » (OQTF), la France reste en tête de l'Union européenne, concernant les expulsions, comme chaque année depuis 2018.

1. « Commission d'enquête sur les migrations, les déplacements de populations et les conditions de vie et d'accès au droit des migrants, réfugiés et apatrides » par les député·es M. S. Nadot et Mme S. Krimi, novembre 2021.

La politique migratoire comme révélateur

Au lieu de faire le choix d'une politique migratoire basée sur l'hospitalité plutôt que l'expulsion, l'insertion plutôt que le rejet, la coopération plutôt que la concurrence, le dialogue et la négociation plutôt que la décision autoritaire, la mutualisation des biens et les « communs » plutôt que l'appropriation privée, le partage plutôt que l'accumulation, Emmanuel Macron amplifie les politiques de fermeté à l'égard des migrant·es.

Les prises de position vaguement humanistes de la campagne de 2017 ont laissé place à une succession d'actes gouvernementaux de nature discriminatoire marqués par une vision géopolitique néocoloniale et dominatrice. Cette approche éclaire la conception macroniste de la société : celle-ci se résume à un immense marché d'échanges économiques et financiers, de biens et de ressources humaines, régi par l'offre et la demande. Cette conception capitaliste et néolibérale du monde repose sur plus d'un siècle de colonisation et de pillage des ressources et de la force de travail des pays dominés. Elle passe par l'endettement des pays du Sud, obligés de privatiser leurs biens publics, de dépendre des investissements des multinationales, tout en subissant une domination monétaire. Elle produit un mal-développement qui implique crise environnementale et climatique, insuffisances dans l'autonomie alimentaire locale, et pousse ainsi les populations à migrer vers l'Europe où elles sont triées entre demandeurs et demandeuses d'asile pouvant prétendre au statut de réfugiés et migrants économiques.

L'indignité et le rejet sont les marques de fabrique de ces politiques migratoires. Elles se manifestent tous les jours par les contrôles, les expulsions, la chasse aux migrants à la frontière franco-italienne, les évacuations des campements précaires, les constantes destructions d'abris de fortune et les violences répressives dont exilées et exilés sont les victimes à Calais comme ailleurs, sans compter les harcèlements policiers qui visent les membres des associations de soutien quand ils ne sont pas accusés de délit de solidarité.

La dite «crise des migrations forcées» est celle d'un système économique, social et politique globalisé insoutenable, à bout de souffle, autant des points de vue humain et social qu'environnemental. L'humanité s'est construite par les migrations. L'avenir de nos sociétés devra s'écrire avec les migrant·es, avec un accueil digne, avec le respect des droits humains.

GRRRR...
POUR 2022
LREM
R.N.
Allan BARTE

20

DISCRIMINATIONS
Marine Le Pen « aurait pu le signer »

« Nous serons intraitables face au racisme, à l'antisémitisme et aux discriminations et de nouvelles décisions fortes seront prises. Mais ce combat noble est dévoyé lorsqu'il se transforme en communautarisme, en réécriture haineuse ou fausse du passé. Ce combat est inacceptable lorsqu'il est récupéré par les séparatistes. »

Emmanuel Macron, juin 2020

TEMPS FORTS DU QUINQUENNAT MACRON

☛ Entretien d'Emmanuel Macron à *Valeurs actuelles*, octobre 2019 ;

☛ Dissolution du Collectif contre l'islamophobie en France (CCIF), novembre 2020 ;

☛ Création de la plateforme antidiscriminations suite à l'agression par des policiers de Michel Zecler, février 2021.

Dans une période où les champs politique et médiatique sont saturés de discours stigmatisants à l'encontre des immigré·es, des musulman·es, de celles et ceux qui sont perçus comme tels, et faisant des antiracistes des allié·es de l'islamisme, les gouvernements d'Emmanuel Macron n'ont en rien constitué une digue face au déferlement du racisme. Bien au contraire.

Un antiracisme de très basse intensité

Le quinquennat d'Emmanuel Macron a été marqué par plusieurs événements de violences racistes, mais également par une redynamisation des mobilisations antiracistes, particulièrement à la sortie du premier confinement. Alors qu'aux États-Unis, de très nombreuses manifestations se déroulaient pour protester contre l'assassinat par un policier de George Floyd, en France, c'est aussi autour de la mémoire des victimes des violences policières et du comité Vérité pour Adama (Traoré) que se retrouvent des milliers de personnes en juin 2020. Puis, en novembre 2020, l'agression raciste subie par Michel Zecler, passé à tabac et insulté pendant quinze minutes par un groupe de policiers, relance les débats sur la violence des corps de l'État et l'impunité de la police. Un an plus tard, les policiers ayant agressé Michel Zecler étaient toujours suspendus, mais continuaient à toucher leur paye.

Cette agression survient au moment des débats parlementaires sur la loi Sécurité globale qui devait permettre d'interdire de filmer la police en action. Néanmoins, cet événement pousse Emmanuel Macron à annoncer la création d'une plateforme pour accompagner et orienter les victimes de discriminations. Lancée en février 2021, celle-ci demeure peu connue et ne fait pas l'objet d'une campagne massive de popularisation. Surtout, elle s'inscrit dans la droite ligne d'un discours imprécis, englobant toutes les discriminations, mais invisibilisant les discriminations racistes. Or, selon un rapport du Défenseur des droits publié en 2020, un tiers des saisines faites auprès de cette institution concernent les discriminations racistes pour trouver un emploi ou un logement, pour l'accès à la santé, dans les relations aux forces de l'ordre… Il apparaît nettement que les personnes d'origine immigrée ou perçues comme telles sont surexposées aux inégalités[1].

Si les directives européennes de 2000 contre les discriminations ont fait évoluer certains dossiers, les

1. Rapport du Défenseur des Droits « Discriminations et origines : l'urgence d'agir », 22 juin 2020.

discriminations liées à l'origine ne bénéficient d'aucun soutien sérieux. Le plan national de lutte contre le racisme et l'antisémitisme (2018-2020) se traduit essentiellement par des campagnes de communication et de sensibilisation. Son bilan est peu connu, mais un tel plan révèle une approche minimale de l'antiracisme, centrée sur les discours de haine, et qui passe sous silence les dimensions structurelles du racisme et les discriminations produites par les institutions. Ainsi, en novembre 2017, Emmanuel Macron s'engage à « pénaliser les discriminations à l'embauche et à rendre publics les noms des entreprises les plus délinquantes en la matière ». Après quelques hésitations, le gouvernement se résout finalement à rendre publics des chiffres concernant 40 grandes entreprises[1]. C'est là à peu près toute la politique en matière de lutte contre les discriminations racistes au travail, alors que le monde du travail demeure un lieu central de division ethnique et de discriminations, tant légales qu'illégales.

Il n'existe donc pas véritablement de politiques contre les discriminations racistes, celles-ci étant noyées dans d'autres domaines de l'action publique, comme la promotion de la diversité, de l'inclusion, de l'intégration, de la laïcité ou la politique de la ville. Les victimes des discriminations sont alors perçues comme le problème à résoudre.

1. Rapport missionné par le ministère chargé de la Ville et du Logement « Discrimination dans le recrutement des grandes entreprises : une approche multicanal », mars 2019.

Rappel à l'ordre « républicain » et chasse aux ennemi·es de l'intérieur

Le gouvernement d'Emmanuel Macron s'inscrit dans la continuité d'un dévoiement des termes « universalité », « République » ou encore « laïcité », mobilisés pour dénier aux minorités le droit de s'exprimer, de se défendre et d'exister politiquement. En octobre 2019, il accorde un entretien au magazine d'extrême droite *Valeurs actuelles*, tout entier consacré aux thèmes de l'immigration et de l'« identité nationale ». Quelques mois plus tard, comme réponse aux mobilisations antiracistes, Emmanuel Macron dénonce le « monde universitaire » coupable, selon lui, d'« ethniciser la question sociale » et d'œuvrer ainsi au « sécessionnisme » en cassant la « République en deux ». Certains ministres, comme Marlène Schiappa, Frédérique Vidal ou Gérald Darmanin (pour qui Marine Le Pen est « dans la mollesse »), seront chargés de relayer cette obsession.

Après le terrible assassinat de Samuel Paty, en octobre 2020, le gouvernement décide d'accentuer la chasse aux supposés « islamo-gauchistes » et autres « séparatistes », en nourrissant la confusion entre musulman·es, islam politique, et terrorisme islamiste. Première cible, le Collectif contre l'islamophobie en France (CCIF), qui soutient les musulman·es victimes de discriminations, dissous par le gouvernement fin 2020, tout comme la Coordination contre le racisme et l'islamophobie (CRI), dissoute en octobre 2021. Mais ce sont aussi des institutions qui sont attaquées, comme l'Observatoire de la laïcité, tout simplement supprimé en juin 2021 [voir le chapitre 21]. De même, des associations comme la Ligue des Droits de l'Homme et bien d'autres se retrouvent régulièrement accusées de faire le jeu des islamistes.

Au sein du gouvernement, c'est sans doute Jean-Michel Blanquer qui fait preuve de plus de détermination pour bâillonner les voix dissidentes. C'est lui qui estime en décembre 2017 que les mères de famille accompagnant des sorties scolaires ne devraient pas porter le voile. C'est lui qui porte plainte en avril 2018 contre un stage de formation antiraciste organisé par Sud Éducation 93 parce qu'on y parle de « racisme d'État », plainte qui sera classée sans suite. C'est lui qui crée le « Conseil des sages de la laïcité » en janvier 2018 en y invitant certains membres du Printemps républicain, officine islamophobe née en 2016 et qui influence une très large partie du champ politique. C'est lui qui à l'automne 2020, accuse l'« islamo-gauchisme » supposé de l'université de « mener au pire ». C'est encore lui qui crée en octobre 2021, le Laboratoire de la République, afin de pourfendre le nouveau fantasme des néoconservateurs, la supposée idéologie « *woke* », en particulier l'antiracisme politique et le féminisme contemporain, accusée de fragmenter la société.

Avant d'endosser le costume présidentiel, Emmanuel Macron semblait vouloir prendre des distances avec la diffusion du racisme, et en particulier de l'islamophobie, dans le champ politique. Cinq ans après, lui et ses ministres ont rapidement cédé aux sirènes de l'identitarisme national. En cherchant à imposer l'immigration comme question du

« grand débat » post-Gilets jaunes, alors que ces derniers pour l'essentiel se battaient au nom de la justice sociale ; en disant l'intérêt de la notion d'insécurité culturelle développée par un des fondateurs du Printemps républicain ; en détournant les missions des fonctionnaires, de l'Éducation nationale ou du ministère du Travail par exemple, au nom de la lutte contre le « séparatisme »... Les vannes ouvertes par Nicolas Sarkozy puis Manuel Valls se sont encore élargies, et nombreux sont les sinistres personnages à chercher à s'y engouffrer.

GÉRALD DARMANIN CHOQUÉ PAR LES RAYONS DE CUISINE "COMMUNAUTAIRE" EN HYPERMARCHÉ

21

LAÏCITÉ
L'invention du séparatisme

« La laïcité est une liberté avant d'être un interdit. »

Emmanuel Macron, octobre 2016

TEMPS FORTS DU QUINQUENNAT MACRON

☛ Discours devant la conférence nationale des évêques, avril 2018 ;

☛ Loi confortant le respect des principes de la République, dite « loi séparatisme », août 2021.

Élève d'un lycée jésuite d'Amiens, Emmanuel Macron demande le baptême catholique à 12 ans. Il confie volontiers avoir traversé une «période mystique» à son adolescence, mais affirme être revenu, ensuite, à un «certain agnosticisme» tout en restant «réceptif à la présence de la transcendance». Surtout, il a été l'assistant éditorial du philosophe Paul Ricœur, partisan d'une «laïcité de confrontation», alliant la neutralité de l'État au libre débat convictionnel au sein de la société civile.

De fait, pendant sa campagne électorale, Macron s'avère partisan d'une laïcité libérale. Dans son ouvrage *Révolution* en 2016, il écrit: «Nous avons un ennemi, Daesh. Nous devons le combattre [...] de manière implacable». Mais, contre ceux qui tirent profit des «angoisses collectives», il indique que «la laïcité est une liberté avant d'être un interdit». Il refuse de «mener une bataille contre telle ou telle religion». Ses déclarations à différents organes de presse insistent sur ce point, à l'époque.

Élu président, Macron renouvelle le mandat de l'Observatoire de la laïcité, organisme interministériel soucieux du respect des lois laïques, contre ceux qui prônent une laïcité visant à neutraliser l'espace public. Le président déclare d'ailleurs refuser une « radicalisation de la laïcité », ce qui lui attire les foudres de l'ancien Premier ministre, Manuel Valls.

Laïcité libérale ou catholaïcité ?

Macron précise sa position lors de deux discours. D'abord, le 22 septembre 2017, lors des 500 ans de la Réforme, à l'occasion desquels il célèbre loi de 1905 séparant les Églises de l'État en soulignant le rôle joué par les protestants dans son élaboration. Par ailleurs, il insiste sur l'importance, pour la « démocratie délibérative », de la tension pluraliste existant au sein du protestantisme français, qui pourrait même être un modèle à suivre pour l'Islam.

Le discours prononcé à une rencontre organisée par la Conférence des évêques de France, le 9 avril 2018, est davantage médiatisé. Si le président évoque la « part catholique de la France », il indique également que la parole de « l'Église [...] ne peut être injonctive », puis aborde les dissensus possibles sur l'extension de la PMA (une réforme effectivement réalisée) et sur les migrant·es.

Mais ce qui retient l'attention est l'affirmation que « le lien entre l'Église et l'État s'est abîmé » lors du débat sur la loi sur le « mariage pour tous » (2013), et qu'il faut donc le « réparer ». Cette remarque qui désavoue, non le fond, mais la façon dont Hollande a élaboré cette mesure, paraît relever de ce que l'on peut appeler la « catholaïcité » : une conception de la nation française qui serait, en même temps, « laïque » et « fille aînée de l'Église »[1].

Sur le problème récurrent de « l'organisation » de l'Islam, Macron semble d'abord jouer la carte du Conseil français du culte musulman (CFCM). À peine élu, il participe au dîner de rupture du jeûne du ramadan et demande la formation d'imams aptes à lutter « contre tout ce qui façonne des formes de repli identitaire », ce qui, précise-t-il, constitue le « revers [...] d'un discours d'exclusion ». Mais rapidement, les divisions internes du CFCM le font délaisser cette instance.

Le président semble alors attentif au projet d'Hakim El Karoui : créer un corps de « fonctionnaires du culte musulman », dirigés par un « grand imam » qui exprimerait « une doctrine compatible avec les valeurs républicaines ». Cette tentative, donnant à l'Islam un régime analogue à celui des « cultes reconnus » en Alsace-Moselle (ignorant la loi de 1905 !), se heurte à la tradition sunnite où une autorité ne peut s'exprimer au nom de l'ensemble des croyants, et aux réticences de personnes attachées à l'émergence d'une « société civile musulmane ».

Une droitisation progressive

Progressivement, une droitisation se précise, sur la laïcité comme sur d'autres sujets. D'abord avec l'action

1. On pense par exemple aux déclarations de Jean Castex au Vatican en octobre 2021.

de certains ministres. Jean-Michel Blanquer, à l'Éducation nationale, crée le « Conseil des Sages » déjà évoqué et prône une laïcité intrusive à l'égard de l'Islam : ainsi, s'il arrive que le Service national universel ait lieu dans des lycées privés comportant des crucifix, le port du voile, lui, y est formellement interdit. On retrouve la catholaïcité ! À l'Intérieur, Gérald Darmanin renforce son contrôle sur les mosquées et les associations musulmanes, bien que la « radicalisation » s'effectue surtout par les outils numériques. Par ailleurs, le Printemps républicain, organisation proche de Manuel Valls, effectue avec succès de l'entrisme au sein des ministères, comme le montre notamment une enquête de Slate[1].

Deux discours actent ce changement de cap, même s'ils conservent une part de laïcité libérale. D'abord, Macron donne à Mulhouse, en février 2020, une définition extensive de ce qu'il appelle le « séparatisme islamique ». La liste de ce que la République ne « saurait accepter » met sur le même plan des comportements très différents. Aux Mureaux, quelques mois plus tard, le président relie ce « séparatisme » au « terrorisme islamiste », tout en admettant que la « ghettoïsation de la République » joue un rôle dans sa construction.

1. R. Gaspar, I. Kersimon & P. Maurer, « Le Printemps républicain dévoilé », *Slate*, 2021.

La loi de 1905 modifiée

Pourtant, ce n'est pas une loi contre le séparatisme induit par la République qui est présentée le 9 décembre 2020, jour anniversaire de la loi de 1905. Celle-ci se trouve modifiée sur plusieurs points. Ainsi les associations cultuelles passent d'un régime déclaratif à une surveillance de l'administration et deviennent soumises à son veto tous les cinq ans. Mais les catholiques, organisés en associations diocésaines, y échappent *de facto.* Les protestants, qui forment les deux tiers des « cultuelles », s'en émeuvent.

D'autres lois fondatrices de la République se trouvent atteintes par cette loi censée « renforcer les principes républicains » en août 2021, comme les lois scolaires de 1882 et 1886 (l'enseignement à domicile passe d'un contrôle a postériori à une autorisation difficile à obtenir) et celle de 1901 sur la liberté d'association (pour bénéficier de subvention, il faut respecter les « valeurs de la République », celles-ci étant peu définies).

Dans la logique de ce durcissement, il est mis fin à l'Observatoire de la laïcité, malgré les protestations d'acteurs de terrain, de syndicats et de la Fédération nationale de la libre-pensée, qui se voient privés d'un instrument très utile à de « bonnes pratiques » laïques. Une association, la Vigie de la laïcité, tente de poursuivre son œuvre.

Le mandat de Macron se solde donc par une somme de paradoxes : il est le président qui a su le mieux parler de la loi de 1905, pourtant il lui porte atteinte ! Il avait dénoncé la « folie » qui consiste à adopter une loi nouvelle à chaque attentat, et l'assassinat de Samuel Paty (octobre 2020) a été l'occasion d'une loi qui nuira davantage à la liberté qu'aux adeptes de la violence. La distinction entre sécularisation et laïcité n'a jamais été aussi clairement faite au sommet de l'État (il ne s'agit pas de « croire modérément », mais de respecter les « lois de la République ») et pourtant la loi « séparatisme » favorise leur confusion. Le président insiste sur le respect de la loi, mais il laisse aussi invoquer, de façon incantatoire, les « valeurs de la République », tout en indiquant : « La laïcité n'a pas vocation à devenir une religion républicaine » ou encore : « Je ne crois [pas] à la République érigée en croyance religieuse ». On est là face à une laïcité libérale et, en même temps, à une religion civile laïque !

PFFF... QUEL TINTOUIN, CES HISTOIRES DE VIOLENCES POLICIÈRES...
TOUT ÇA EST TOUT DE MÊME UN PEU DISPROPORTIONNÉ ! APRÈS TOUT...
...LES FLICS NE TABASSENT QUE DES NOIRS, DES ARABES ET DES GAUCHISTES.
Allan BARTE

22

LIBERTÉS PUBLIQUES
Menaces sur le droit de manifester

> « Que certains prennent pour prétexte de parler au nom du peuple : mais lequel, d'où, comment ? Et n'étant en fait que les porte-voix d'une foule haineuse, s'en prennent aux élus, aux forces de l'ordre, aux journalistes, aux juifs, aux étrangers, aux homosexuels, c'est tout simplement la négation de la France. »
>
> Emmanuel Macron, décembre 2019

TEMPS FORTS DU QUINQUENNAT MACRON

☛ Inscription dans la loi antiterroriste des principales mesures de l'état d'urgence, novembre 2017 ;

☛ Loi de prévention et sanction des violences lors des manifestations (dite « loi anti-casseurs »), janvier 2019 ;

☛ Loi pour une sécurité globale préservant les libertés, mai 2021 ;

☛ Loi confortant le respect des principes de la République, dite « loi séparatisme », août 2021.

En fustigeant « les porte-voix d'une foule haineuse » lors de ses vœux du 31 décembre 2019, pour disqualifier et attaquer le mouvement des Gilets jaunes, Emmanuel Macron fait un usage politique classique de la peur. En qualifiant les manifestant·es – mais sans les nommer, pour mieux les discréditer et les désincarner – de « foule haineuse », il cherche à mobiliser nos anxiétés tout en désignant un ennemi intérieur. La performance rhétorique est efficace tant les images de hordes de silhouettes humaines en furie entourées de véhicules en feu sur les pavés, telle une armée de zombies, ont marqué les esprits et peuvent à tout moment refaire surface, même un très court instant.

Le bon et le mauvais manifestant

Dire de qui et comment avoir peur est constitutif d'un système de domination politique qui, sur la base de cette émotion collective, permet d'imposer et normaliser des dispositifs de répression de ce qui est dès lors considéré comme du désordre. Emmanuel Macron le sait bien : la rue constitue un enjeu de préservation de l'ordre existant et le maintien de l'ordre un objet politique en lien avec l'histoire des protestations sociales. Or, depuis la Révolution française, cette histoire est marquée par la défiance étatique à l'égard de la liberté de manifester, de sorte que la manifestation devient le lieu où s'exerce une violence d'État dont les règles sont dictées selon une conception donnée du maintien de l'ordre.

Sur le terrain, depuis une vingtaine d'années, les politiques de maintien de l'ordre se traduisent par une stratégie du choc, du contact, voire de l'affrontement (notamment symbolisée par le redéploiement des brigades de répression de l'action violente motorisées – BRAV-M), donnant à voir un recours systématique et a priori à la force, qui va à rebours des doctrines de désescalade, appliquées depuis de nombreuses années en Allemagne, ou du consensus développées en Grande-Bretagne. Par une brutalisation des mobilisations contestataires, doublée d'une financiarisation croissante de la militarisation de l'appareil policier, le quinquennat de Macron s'inscrit dans la logique du libéralisme sécuritaire.

Volontairement martial, marqué par une résurgence de la théorie « des deux camps » essentialisant la catégorisation du bon et du mauvais manifestant, son discours réanime la figure du manifestant imposteur, potentiellement dangereux, et illégitime, par opposition à la police seule détentrice de la force légitime. La guerre des images, devenue l'un des cœurs de la manifestation, conduit les pouvoirs publics à élaborer des stratégies du paraître policier et à mettre en scène la violence produite, à la fois pour délégitimer un mouvement social et légitimer son action, voire pour ne pas perdre la face lorsque les débordements répressifs sont visiblement excessifs.

Au-delà de l'exploitation de la peur comme passion politique, cette mise en garde contre la « foule haineuse » va donc de pair avec la logique confrontationnelle de la gestion des foules, des manifestations. Cette masse, soi-disant haineuse et pas seulement « en colère », aurait donc le monopole des désirs destructeurs, ce qui en fait une cible identifiable que l'État se doit de neutraliser pour le bon ordre général.

Brutalisation judiciaire

Cette neutralisation ne s'est pas seulement traduite par des mutilations au sein des cortèges, mais également par la judiciarisation du maintien de l'ordre, quitte à déployer un droit pénal à bien des égards dessiné par une législation antiterroriste multifacettes. Le droit pénal est par nature un outil répressif utilisé par les gouvernements à des fins de répression des manifestations, l'idée étant qu'il ne faut pas seulement rétablir l'ordre, mais punir le désordre. Sauf que les contrôles et les interpellations en masse, le détournement de plusieurs incriminations pénales aux seules fins du maintien de l'ordre, le recours prioritaire à la procédure de comparution immédiate et les peines prononcées ne sont pas sans conséquence sur la liberté de manifester et agissent en pratique comme un nouvel outil de dissuasion des manifestants.

Les chiffres sont édifiants[1]. Entre le 17 novembre 2018 et le 12 juillet 2019, 11 203 personnes ont été placées en garde à vue à l'occasion des manifestations des Gilets jaunes. Le ministère public a engagé des poursuites contre 5 241 personnes, dont 3 204 ont été déclarées coupables, dont 2 043 dans le cadre de comparutions immédiates (soit presque 40 %). À Paris, sur 3 393 personnes placées en garde à vue, 847 ont été poursuivies, 555 en comparutions immédiates, 942 se sont vu notifier un rappel à la loi et 1 327 un classement sans suite. Cette judiciarisation à outrance se traduit notamment par des placements en gardes à vue préventifs, autrement dit illégaux, le taux de classement sans suite « sec » (hors rappel à la loi ou mesure alternative aux poursuites) en étant l'une des preuves flagrantes. Ces gardes à vue sont rendues possibles par le recours massif à des infractions « fourre-tout ». Tel est le cas de l'infraction de participation à un groupement en vue de la préparation de violences volontaires, de destructions ou de dégradations ou du délit de dissimulation du visage dans l'espace public créé par la loi du 10 avril 2019, dite « loi anti-casseurs ». Ces infractions, aux contours flous, sont utilisées pour permettre d'interpeller largement, y compris des personnes qui n'ont commis aucune violence ou dégradation et ne présentent pas de danger pour l'ordre public.

1. Amnesty International, « France : comment des milliers de manifestants pacifiques ont été arbitrairement arrêtés et poursuivis », septembre 2020.

Interdire, contrôler, éloigner, immobiliser les manifestants pour les empêcher de se mobiliser est un autre des axes de cette politique de surjudiciarisation du maintien de l'ordre, qui se dédouble en un « maintien de l'ordre préventif », confirmant la philosophie répressive dominante faisant de la manifestation un problème d'ordre public et non l'exercice d'une liberté fondamentale. Cette répression des manifestations qui ne dit pas son nom, fondée sur un « droit administratif pénal », s'illustre ainsi de plusieurs façons : usage outrancier des interdictions de manifester et de paraître ; contrôles d'identité, que la législation antiterroriste a totalement décomplexé ; surveillance de masse au moyen de la « technopolice ».

Qui hait qui ?

De qui doit-on avoir peur en réalité ? Des « gens qui ne sont rien », mais qui, même (dés)abusés, humiliés, esseulés, ont la force de rendre visible une détresse politique, sociale ? L'émeute est-elle autre chose qu'un assemblement de corps coaffectés, éprouvés par des passions tristes issues d'un pouvoir injuste ?

Se sentir haï par un autre, n'est-ce pas finalement le haïr ? Emmanuel Macron ne veut pas seulement se faire obéir en faisant peur. Il ne cherche pas à réagencer les bonnes peurs dans le but de pacifier les troubles exprimés. Il hait les Gilets jaunes et par là tout ce qui lui fait ombrage, tout ce qui fait discorde. Il hait toute résistance à la répression.

DANGER
Terrorisme
FÉMINIS
ÉCOLOGIE
SERVICE PUBLIC
LIBERTÉ ÉGALITÉ FRATERNITÉ
idées islamo-gauchistes - do not cross
NE PAS UTILISER !
PARTAGE DES RICHESSES
CONQUIS SOCIAUX
Danger pour la Republique
Allan BARTE

23

EXERCICE DE LA DÉMOCRATIE
Par Jupiter !

« Jojo avec un gilet jaune a le même statut qu'un ministre ou un député ! »

Emmanuel Macron, janvier 2019

TEMPS FORTS DU QUINQUENNAT MACRON

☛ Révision manquée de la Constitution, mai 2018-janvier 2021 ;

☛ Mouvement des Gilets jaunes, à partir d'octobre 2018 ;

☛ Grand débat puis Convention citoyenne pour le climat, janvier-mars 2019 et octobre 2019-février 2021 ;

☛ Mouvement contre la réforme des retraites, décembre 2019-janvier 2020 ;

☛ Mise en place du Conseil de défense sanitaire pour la gestion de la pandémie du Covid-19, à partir de mars 2020.

Le 15 janvier 2019, pour tenter de tourner la page des Gilets jaunes, Emmanuel Macron lance un « Grand débat » et reconnaît qu'« il faut constamment redemander aux gens leur avis ». Un peu plus tard, il parlera d'une « République de la délibération permanente ». Las ! Le quinquennat qui s'achève n'a pas vu la mise en place d'une telle démocratisation de la prise de décision. Au contraire, jamais l'exercice du pouvoir n'a été aussi personnalisé. L'ensemble du système politique est pris dans une spirale descendante, la démocratie française semble à bout de souffle.

Bien sûr, ses limites ne datent pas d'hier. Dans les gouvernements représentatifs occidentaux, les élu·es concentrent l'essentiel du pouvoir politique, entretiennent une relation incestueuse avec les élites économiques et ne laissent aux citoyen·nes – et en particulier aux groupes subalternes – qu'un simulacre de souveraineté. Au XXIe siècle, la Ve République porte ces traits à la caricature et, avec Emmanuel Macron, ces travers se sont encore accentués.

Un exercice solitaire du pouvoir

Même s'ils n'étaient plus que l'ombre d'eux-mêmes, les partis politiques traditionnels représentaient dans une certaine mesure un canal de communication entre la présidence et les citoyens. Emmanuel Macron arrive au pouvoir contre eux. Initialement, il fait appel à la société civile et suscite un élan. Très vite cependant, le roi est nu. Il est entouré par des technocrates qui, tout comme lui, n'ont aucune idée des conditions de vie des classes populaires. Dans son corps comme dans ses expressions, Macron est le président des riches. La société civile qu'il mobilise n'est pas organisée en associations, syndicats ou partis, c'est celle des milieux économiques et de cercles souvent arrivistes – pensons à l'affaire Benalla. Les politicien·nes de l'ancien système sont recyclé·es. Macron se proclame le rempart contre le populisme, mais il parie sur un lien personnel entre le président et le peuple, au-delà de tous les corps intermédiaires – un trait caractéristique du « populisme » dans la littérature *mainstream*. La presse qualifie sa posture de jupitérienne, et il s'y complaît.

Au début de son mandat, il méprise les pouvoirs locaux. Il faudra le mouvement des Gilets jaunes pour qu'il tente de corriger en partie le tir, mais LREM, son parti, échoue à s'implanter localement. Macron dédaigne les syndicats. Lorsqu'il lance avec Édouard Philippe sa réforme des retraites, il n'essaie même pas de se concilier la CFDT, pourtant d'accord pour passer à un système par points. Il s'aliène les organisations de jeunesse par ses réformes du système scolaire et universitaire. Partout, les décisions tombent d'en haut, en l'absence de concertation. Macron cantonne LREM à n'être qu'une organisation godillot. Même les député·es de la majorité sont tenu·es en laisse.

La révision manquée de la Constitution a valeur d'emblème. Dès le départ, elle manque d'ambition. Réduction du nombre de parlementaires, introduction d'une dose de proportionnelle, limitation à trois du nombre de mandats électifs consécutifs, affaiblissement du rôle du Parlement dans la procédure législative : tout cela n'est pas en mesure de changer la donne. Macron se heurte à l'obstacle du Sénat et sans soutien de masse, il ne peut se lancer dans une campagne référendaire dont la constitutionnalité serait contestable. Après le mouvement des Gilets jaunes, une opportunité s'offre de renverser la table. La revendication d'un référendum d'initiative citoyenne (RIC) est si populaire qu'un président qui l'aurait défendue aurait pu emporter la mise contre une classe politique arc-boutée sur ses privilèges. En lieu et place du RIC, Macron propose de renforcer le référendum d'initiative partagée et de transformer le Conseil économique, social et environnemental en « chambre de la participation citoyenne ». Cette dernière réforme voit le jour en janvier 2021 dans l'indifférence générale.

Covid et conseil de défense

Le comble est cependant l'exercice solitaire du pouvoir durant la pandémie de Covid-19. Macron tient une ligne tortueuse dont les résultats sont plus que médiocres: fin 2021, on compte 1,5 fois plus de morts par habitants qu'en Allemagne, 30 fois plus qu'en Corée du Sud[1]. La politique menée est imprégnée d'arrière-pensées électoralistes. Couverte par l'état d'urgence sanitaire, elle se mène en conseil restreint protégé par le secret défense, se passant de tout débat démocratique. Même les ministres apprennent peu avant le journal de 20 heures quelle est la décision du monarque-président. Le contraste est rude avec la difficile concertation menée par Angela Merkel avec ses ministres, les présidents des Länder et les partis de sa coalition. Et plus encore avec la façon démocratique dont la Corée du Sud a géré la situation[2].

Les cinq ans du mandat d'Emmanuel Macron sont marqués par des protestations d'une ampleur inédite. Le mouvement des Gilets jaunes se développe en réseau, sans que les partis politiques de l'opposition n'arrivent à le manipuler. Il secoue la France et le pouvoir, qui panique. La répression est lourde, inédite dans l'histoire récente du pays, avec un nombre important de blessé·es graves et le décès de Zineb Redouane à Marseille. Une bonne partie de la France est de nouveau paralysée par le mouvement des syndicats contre la réforme des retraites. Là encore, le degré de répression policière est notable. Cette dérive contraste avec

1. Voir le «Coronavirus resource center» de la Johns Hopkins University: https://coronavirus.jhu.edu/map.html

2. Juliette Schwak, «A Democratic tour de force: How the Korean State Successfully Limited the Spread of Covid-19», Asie.Visions, n° 117, novembre 2020.

la politique de réduction des risques menée par les polices des pays voisins. Le quinquennat ne l'a pas initiée, mais il la renforce et la banalise. Dans les banlieues, la police se comporte souvent comme dans un pays occupé, et les bavures sont couvertes par l'institution.

Si son quinquennat est plus proche du désordre continuel que de la délibération permanente, le président sait cependant prendre sur le terrain de la démocratie certaines initiatives. Le Grand débat était une manœuvre pour détourner l'agenda médiatique des Gilets jaunes. Par contre, le lancement de la Convention citoyenne pour le climat, réclamée par une partie des Gilets jaunes et des écologistes, représente une innovation réelle, d'autant que Macron promet que ses recommandations seront transmises sans filtre aux décideurs. La Convention elle-même est globalement un succès et les citoyen·nes tiré·es au sort s'émancipent du cadre qui leur avait été initialement fixé. Mais, *in fine*, leurs propositions sont déconstruites par le gouvernement et le Parlement (voir chapitre 17).

Il y a plus. Le libéralisme initial proclamé laisse place à un visage assez menaçant. Faisant le constat qu'une gauche désunie n'est guère dangereuse, le président accentue son tournant à droite. Son gouvernement joue sur l'islamophobie croissante de la société française, brandit au nom de la République l'éventail du communautarisme ou de l'indifférenciation des sexes, fait passer des lois qui criminalisent potentiellement les opposant·es, pousse le grotesque jusqu'à demander au CNRS d'enquêter sur l'islamo-gauchisme à l'université.

Vers un trumpisme à la française ?

Parallèlement, l'abstention bat des records aux régionales de juin 2021, la participation n'atteignant pas les 35 %. Macron conserve sa popularité auprès de l'électorat de centre-droit. La médiocrité et les divisions de ses adversaires le placent en bonne position pour être réélu. Mais il n'est fort que par défaut. Le gouffre entre décideurs et citoyen·nes (notamment celles et ceux des classes populaires et des populations racisées) est béant. La manière d'exercer le pouvoir du président a fortement contribué au discrédit de la parole publique. Celle-ci touche également les élites économiques, médiatiques et scientifiques. Dans un tel contexte, il n'est guère étonnant que fleurissent les théories complotistes. Les mouvements antivax et contre le pass sanitaire rassemblent curieusement des cercles d'extrême droite, des courants écologistes et une partie de la gauche radicale, unis par le refus d'un État qui semble devenir l'adversaire principal. Le président en profite électoralement en s'appuyant sur la majorité vaccinée.

Une dérive autoritaire a été initiée lors des quinquennats précédents. Elle s'est renforcée sous Macron. Il ne faut pas la surestimer, la France n'est pas en dictature. Des éléments dangereux sont cependant en place : pratiques répressives, discours incendiaires, lois antidémocratiques, discrédit de la politique et de la parole publique. Ils pourraient demain constituer un cocktail favorable à l'émergence d'un trumpisme à la française.

CONCLUSION
Un quinquennat aveugle sur l'avenir

Au regard de quels critères peut-on dresser un bilan d'une présidence de cinq années ? Bien sûr, en comparant promesses d'un candidat et réalisations d'un élu. À ce titre, notre livre détaille l'écart abyssal entre les deux : l'égalité proclamée et l'abondance des cadeaux aux plus riches, les premiers de cordée plutôt que les premiers de corvée ; le respect des droits humains comme valeur indépassable et un traitement honteux des populations migrantes ; une ouverture à la société civile et un mépris pour les corps intermédiaires représentatifs ; un non-recul de l'âge de la retraite et un projet radicalement contraire ; un plein emploi assuré et une diatribe pour « traverser la rue » ; un engagement écologique et une mise au placard des propositions d'une convention citoyenne, etc.

Faire ce bilan, c'est en dresser le dépôt. Mais il y a peut-être plus grave encore. Le président Macron et ses gouvernements n'ont jamais pris en compte (l'ont-ils seulement compris ?) la nature profonde de la crise que traversent le monde, l'Europe et la France : une crise systémique qui provient de l'impasse de la marchandisation généralisée des activités humaines, des connaissances, du travail, des biens naturels et des ressources monétaires permettant de financer les investissements d'avenir. Aveugles aux désastres qui s'annoncent, du réchauffement du climat à l'épuisement de la planète, du délitement social aux destructions des protections conquises par deux siècles de luttes sociales, ils ont persévéré dans l'obstination à rassurer le monde des affaires que le *business model* continuerait comme avant, qu'il y ait pandémie ou pas pandémie. Nous diagnostiquions dès 2018 *L'Imposture Macron, un business model au service des puissants* (Attac et Fondation Copernic, Les Liens qui libèrent). La suite a malheureusement confirmé cette hypothèse. S'il fallait un seul symbole pour illustrer cette orientation aussi désastreuse que cynique, on l'aurait avec le refus du gouvernement français de lever les brevets, détenus par les firmes multinationales, entourant la production et la distribution des vaccins contre tous les virus que la dégradation écologique propage.

Comment interpréter cet aveuglement face à toutes ces contradictions ? Les regarder supposerait de reconnaître les méfaits d'une logique économique dont le profit est la seule boussole, mais qui, à force d'être implacablement mise en œuvre, se retourne contre elle-même. La concentration du capital et de toutes les richesses est devenue telle que l'affaiblissement des forces de travail ne permet plus de tirer parti de celles-ci pour que leur productivité soit suffisante pour assouvir les exigences de rentabilité.

Et, chose inédite dans l'histoire, la mise à sac de la nature se heurte à une limite qui ne fait que renforcer les difficultés à faire rendre de la plus-value pour le capital. Dans ce contexte, la financiarisation du monde (aujourd'hui, l'économie au travers de « la valeur pour l'actionnaire », demain, ladite finance verte pour une supposée croissance verte) ne peut être qu'une illusion. Ainsi, *Cette crise qui n'en finit pas*, comme le disait le livre d'Attac en 2017 (Les Liens qui libèrent), se heurte à la volonté explicite de ne surtout pas amorcer la moindre bifurcation du système productif. Le résultat minable de la 26e COP à Glasgow en novembre 2021 signifie cette absence de volonté, manifeste chez tous les grands dirigeants du monde, Emmanuel Macron comme les autres : a-t-on vu son gouvernement afficher une intention de mettre fin à une politique agricole commune aussi antisociale qu'antiécologique ?

Élu sur son fantasme de construire une « nation-entreprise », Emmanuel Macron, présenté au départ par des médias obséquieux comme un « président philosophe », a vite transformé la « philosophie » en gouvernance impériale, en laissant dériver la démocratie vers l'austérité à coups de bâtons et de matraques, et en sacrifiant la jeunesse « en même temps » que l'avenir. Mais il n'est pas certain que la jeunesse reste insensible aux risques du monde ancien et aux espoirs d'un avenir maîtrisé collectivement. Les aspirations à la justice, à l'égalité et à la solidarité restent lumineuses face à l'aveuglement de ceux qui tiennent les clés de « la maison qui brûle ».

Nos travaux sont d'étranges algèbres ;
Le labyrinthe vague et triste où nous rôdons
Est plein d'effrois subits, de pièges, d'abandons ;
Mais toujours dans la main le fil obscur nous reste.
Malgré le noir duel d'Atrée et de Thyeste,
Malgré Léviathan combattant Béhémoth,
J'aime et je crois. L'énigme enfin dira son mot.
L'ombre n'est pas sur l'homme à jamais acharnée.
Non ! Non ! l'humanité n'a point pour destinée
D'être assise immobile au seuil froid des tombeaux,
Comme Jérôme, morne et blême, dans Ombos,
Ou comme dans Argos la douloureuse Electre.

Victor Hugo, « L'avenir », dans *L'année terrible*, 1872.

Table

Si vous souhaitez être tenu informé des parutions
et de l'actualité des éditions Les Liens qui Libèrent,
visitez notre site :
http://www.editionslesliensquiliberent.fr

Composition : In folio

Achevé d'imprimer en décembre 2021
par Normandie Roto Impression s.a.s. à Lonrai
Dépôt légal : janvier 2022
N° impr : 2106734
Imprimé en France